INTEI

B

InterC
Hinterecl
b

# IN FREMDEN BETTEN

# IN FREMDEN BETTEN

*Fünfzig unglaubliche,*
*aber erlebte Hotelgeschichten*
*von Heinz Horrmann*
*Band II*

Klocke Verlag GmbH
Höfeweg 40 · 33619 Bielefeld · Telefon: 05 21 / 9 11 11-0
Telefax: 05 21 / 9 11 11-12
Internet: www.klocke-verlag.de · E-Mail: info@klocke-verlag.de

1. Auflage 2005



Illustrationen:
Titelillustration, *Marc Stüwe, Köln*
Rückseite *Hotel Meurice, Paris*

Layout: Thomas Kacza

Lithographie:
Klocke Medienservice Holger Schönfeld, Werner Busch

Produktion: Nicole Leermakers

Vertrieb: Stephan Klocke

Druck: Graphischer Betrieb Gieseking GmbH & Co. KG, Bielefeld

Printed in Germany

ISBN 3-934 170-32-3

# IN FREMDEN BETTEN

*Fünfzig unglaubliche, aber erlebte Hotelgeschichten von Heinz Horrmann*

*Band II*

Klocke Verlag

# Inhalts-verzeichnis

Seit 1996 beschäftigen wir uns mit der internationalen Luxushotellerie. Dabei interessieren uns besonders *hideaways,* beschauliche, romantische Verstecke an den faszinierendsten Plätzen und in den atemberaubendsten Metropolen, außergewöhnliche Refugien für die Seele und Kleinode des guten Geschmacks, in denen man genüsslich die Seele baumeln lassen kann. Unser gleichlautendes Magazin, in dem wir diese Verwöhnoasen mit opulenter Fotografie vorstellen, hat sich als eines der exklusivsten Reisemagazine der Welt etabliert. Es gehört heute zur Pflichtlektüre von globetrottenden Connaisseurs nicht nur in Europa, sondern mit den entsprechenden Sprachausgaben ebenso in Russland, dem Mittleren Osten oder Hongkong. Seit der Gründung dieser Publikation kennen und schätzen wir Heinz Horrmann, der zu den renommiertesten internationalen Reiseautoren gehört. Es gibt weltweit nur wenige Travelwriter, die jedes Jahr ebenso viele Hotels besuchen, auf Kreuzfahrtschiffen unterwegs sind oder den Komfort an Bord von Langstreckenflügen testen wie der Geschäftsführende Redakteur der WELT und WELT am SONNTAG. Der Autor von sechsundzwanzig Hotel- und Genussbüchern wurde für seine unermüdliche Arbeit, unser Land als Gastgeberland darzustellen und der Hotellerie und Gastronomie durch seine kritischen Anmerkungen neue Impulse zu verleihen, im Jahre 2001 mit dem Bundesverdienstkreuz am Bande ausgezeichnet, der amerikanische Nachrichtensender CNN bezeichnete ihn in einem Portrait als den „angesehensten Hotelkritiker der Welt".

Durch unsere gemeinsame Liebe zur Luxushotellerie und zu exklusiven Reisen und aus gegenseitigem Respekt begründeten wir eine Partnerschaft, in der mit „In fremden Betten, Band II“ jetzt bereits das vierte gemeinsame Buchprojekt erschienen ist: In den beiden Bildbänden „Kreuzfahrt-Träume“ schildert Heinz Horrmann seine Eindrücke an Bord der Königinnen der Weltmeere, der zweite Band wurde übrigens als eines der besten Reisebücher ausgezeichnet. Und auch der erste Band von „In fremden Betten“, einer der absoluten Bestseller in unserem kleinen, aber feinen Buchprogramm, erhielt den begehrten „Five Star Diamond Award“ der American Academy of Hospitality Sciences als eines der originellsten Hotelbücher. Darauf sind wir sehr stolz und es freut uns, Ihnen mit dem Folgeband wieder fünfzig unglaubliche, aber erlebte Hotelstorys von Heinz Horrmann präsentieren zu dürfen.

Auch „In fremden Betten, Band II“ ist eine Auswahl der gleichnamigen Kolumne aus der WELT AM SONNTAG, der meistgelesenen Hotelkolumne im deutschsprachigen Raum, in der Heinz Horrmann von seinen Erlebnissen rund um den Globus berichtet. Seine unnachahmliche Art, sowohl unverhohlene Kritik mit spitzer Feder niederzuschreiben als auch mit versteckter Ironie, amüsant, vergnüglich und stets mit einem charmanten Augenzwinkern zu erzählen, machen dieses neue Taschenbuch wieder zur kurzweiligen Lektüre.

Thomas und Martina Klocke, Herausgeber

Mehr als eine Million Hotels operieren weltweit, ca. 4000 Hotelgruppen, Zusammenschlüsse, Marketingvereinigungen werben um Gäste. Eines haben sie gemeinsam: sie bieten längst nicht nur ein Bett für die Nacht, sondern verkaufen zumeist auch Lebensqualität und sind Bühnen für ganz besondere Geschichten. Menschen im Hotel bieten heute wie damals Stoff für Romane, Filme, Kurzgeschichten. Wenn Sie den ersten Band „In fremden Betten“ gelesen haben, wissen Sie, dass dies kein Hotel-Guide wie „Die 99 ultimativ besten Hotels der Welt“ ist, auch keine reich bebilderte Hotelpräsentation, die finden Sie in „Hideaways“. Wie in Band I von „In fremden Betten“ servieren wir Ihnen, lieber Leser, persönliche Geschichten von besonderer Freude in ungewöhnlichen Domizilen, auch von Enttäuschung, von großem Engagement, Kuriositäten, Genuss und Kritik. Alles wie im wirklichen Leben. Und selbstverständlich verpflichtet der Titel, eine Portion Erotik einzubringen. Das versteht sich von selbst. In dieser zweiten Kolumnensammlung (DIE WELT und die „Welt am Sonntag“) erfahren Sie einiges zu diesem Thema, beispielsweise, dass Hotels die beliebtesten Verstecke für Seitensprünge sind oder wie das mit den schönen Russinnen in der Lobby Moskauer Hotels so läuft.

Stellen Sie Ihr Hotelmenü zusammen mit Servicespezialitäten und deftiger Schelte, wo die Pflege des Gastes und Schulung Fremdwörter sind. Es gibt sie zum Glück, die Hotels, die allein schon eine Reise wert sind. Was macht eigentlich den Unterschied aus zwischen einem ordentlichen Hotel und dem genussvollen Spitzendomizil, in dem man mit allen Sinnen genießen kann? Vielreisende diskutieren die Frage mit Leidenschaft, was denn nun die wichtigsten Kriterien sind, nach denen die Klasse eines Hotels bewertet werden kann. Konrad Hilton hat immer wieder behauptet: „Location, Location, nur der Standort macht's." Cäsar Ritz betonte das Ambiente, das die exklusive Grandhotel-Atmosphäre schafft. Alfred Walterspiel, lange Jahre Vier-Jahreszeiten-Chef in München, hob die Küche hervor. „Auch die Hotel-Liebe geht erst einmal durch den Magen."

Was den Service, die intensive Pflege des Gastes betrifft, ist der deutsche Ritz-Carlton-Gründer und Hotel-Visionär Horst Schulze, gerade mit eigener Hotelgruppe (West Paces Hotel Group) auf dem Weg an die Spitze, der Einzige, der dieses Element als das alles Entscheidende in der Hotellerie sieht. In seiner Philosophie ist jede Regel, jeder Arbeitsablauf aufzuheben, wenn damit der Gast gestört wird. Er allein soll im Mittelpunkt stehen und nicht im Weg.

Früher nervten die lästigen Bügel, die auf Schienen rollten und dem Gast das Gefühl vermittelten, ein potentieller Bügelklauer zu sein. Auch das Summen der Minibar, das Schnarren und Vibrieren der Klimaanlage ärgerten mich ebenso häufig im Zuhause fernab von daheim wie quälende Schiebefenster, die man nur mit einem Kraftakt in die Höhe bekam, Fernseher mit Flackerbildern oder Matratzen wie Fallgruben. Heute ist die Hardware in allen Sterne-Kategorien der internationalen Hotellerie perfekter, die Ausstattung oft grandios, doch nun sind es verstärkt die Serviceschwächen, die immer wieder für Verstimmung sorgen, wenn man viel unterwegs ist. Jedes Credo, jede Philosophie ist letztlich nur so gut wie der einzelne Mitarbeiter an der Basis die Vorgaben am Gast umsetzt. Das ist wichtiger als jede Bestandsaufnahme (Größe und Ausstattung der Räume, Gestaltung des Bades mit begehbarer Dusche und Toilette außerhalb der Nasszelle).

Vorsicht ist stets geboten: Werbetexte sind farbig, Prospekte versprechen viel. Jeder Hotelmanager hat darüber hinaus besondere Paradezimmer, elegante Suiten zum Vorzeigen, die Durchschnittsräume sehen oft völlig anders aus. Darum muss man beim Hotel-Check manchmal zu Methoden greifen, die über die übliche Hotelbesichtigung weit hinaus gehen.

Wenn morgens die Brigade der Zimmermädchen ausrückt, war ich häufig mit dabei und habe mir über deren Schultern die kleinen „Einzel“, die so gern gleich neben den Fahrstuhl gequetscht sind, oder die einfachen „Standards“, intern als Chauffeurszimmer bezeichnet, angesehen und mir Notizen gemacht. Was mir dabei am häufigsten auffiel: So prächtig die Blumenarrangements auch in den Show-Suiten und in der Lobby sind, in diesen einfachen Zimmern gibt es oft kein Grünpflänzchen, keine Blume auf dem kleinen Rundtisch. Aber gerade diese liebenswerte Geste für den Gast macht den Unterschied aus zwischen Klasse und Möchtegern-Spitzenhäusern. Auf gute Namen ist nicht immer Verlass.

Ohne den Besserwisser spielen zu wollen, den Kritiker mit erhobenem Zeigefinger, erlaube ich mir, aus der Erfahrung von 1000 Hotel-Checks (ich bedanke mich beim US-Nachrichtensender CNN für den schmeichelhaften, wenn auch total überzogenen Titel „weltweit angesehenster Hotelkritiker“) den einen oder anderen Hinweis zu geben, wie man es besser machen kann. In erster Linie aber möchte ich Ihnen Lesegenuss vermitteln, mit den Menschen im Hotel unserer Tage. Schön, wenn ich Ihnen darüber hinaus Appetit machen kann, den nächsten Aufenthalt in einem besonderen Hotel zu genießen.

Heinz Horrmann

# Südsee-Lust und Frust

## SCHÖNE TOCHTER IM BETT ALS GASTGESCHENK

Gauguin hatte mir den Tipp gegeben. Nicht Paul, das Malergenie, sondern sein Enkel Adolf Di Ato (also doch Familie), der damals im kleinen Hotel „Bel Air" am Stadtrand von Papeete, der Hauptstadt Französisch-Polynesiens, als Portier arbeitete. Nach Rurutu solle ich fliegen, auf die Insel irgendwo in der Südsee, die von den Touristikpionieren übersehen oder vergessen wurde. Da würde ich noch ein Nachtlager finden, verbunden mit der Freizügigkeit der Liebe, wie sie in der Inselwelt Tahitis üblich war, bevor die Missionare die überschwängliche Lebenslust wegmissionierten. Übrigens war das mit Adolf Di Ato Gauguin, der mit Malen nichts im Sinn hatte, eine verrückte Geschichte, ganz am Rande.

Zweimal im Jahr bekam er Besuch von der Malerin Majuri Coveler aus Chicago. Die brachte einen ganzen Koffer mit eigenen Gemälden schöner sanftäugiger Mädchen vor Lagunen und dazu eine gehörige Portion polynesischer Melancholie. Alles war exakt so, wie der französische Jahrhundertkünstler, der Großvater, gearbeitet hatte. Diese eigenen Bilder ließ sie von Ato signieren, nur mit seinem Familiennamen Gauguin, versteht sich. Unten rechts, mit Schwung. Sie wurde reich mit dem Verkauf „echter" Gauguins, er aber verstarb vor kurzem arm wie Paul Gauguin auf den Marquesas.

Adolf Di Ato hatte Recht. Es stimmte alles, wie er es erzählt hatte, auf dem entferntesten Eiland Französisch-Polynesiens. Als „Hotel" diente mir eine von drei kleinen Südseehütten, die um das Haus der Gastfamilie direkt am Meer gruppiert sind. Die Behausung besteht heute noch aus Bambus, gemeißelten Steinen und Kopra, einem Produkt der Kokospalme. Das Zimmer ist spartanisch eingerichtet. Mitten im Raum, zwei Meter vom Bett entfernt, eine Badewanne, im Boden eingelassen. Höchster Luxus, wie mir der Hausherr stolz erklärte. Und tatsächlich pflegte er die Gastfreundschaft, wie sie in der Bounty-Produktion so bildhaft dargestellt wurde. Alles für den Besucher, wirklich alles.

Sie hieß wie die Blume und duftete wie ein ganzer Strauß davon, *Tiaré*. Sie war die jüngere Schwester vom Familienoberhaupt Jarita, der ständig von einer großen Tanzkarriere träumte und Autorität genug war, die Familie zur Pflege des

Gastes einzusetzen. So begann für mich der Südseetraum wie in den Tagen von James Cook und William Bligh, als die schönen Töchter den Fremden die Einsamkeit nehmen sollten, oder wie bei den Eskimos, wo die Frauen dem Brauch gemäß als Gastgeschenk unter fremde Decken kriechen, zur Nächstenliebe in eisigen Nächten.

Ich hatte mich bei offenen Fenstern und Türen zur Ruhe gelegt, mit dem leisen Wind vom Meer als Nachtmusik. Das hauseigene Stromaggregat war bereits abgestellt. Sanft wurde ich geweckt. Da stand Tiaré im Schein der Taschenlampe mit einem bunten Batiktuch um die Hüfte und einem Blütenkranz, den sie auf das Kissen legte. Sie bewegte sich mit allergrößter Selbstverständlichkeit. Wie überall in der Welt ist die meistgesprochene Sprache schlechtes Englisch, in Polynesien noch mit französischen Worten verfremdet. Man muss höllisch aufpassen, den Sinn zu verstehen. Es gelang überraschend einfach. Das Bett sei groß genug für zwei, das machte sie mir höchst charmant klar. Und dazu fiel das letzte Tüchlein. Doch dann nahm die Nacht eine unerwartete Wendung. Das hatte nicht mit bösem Schabernack zu tun und war wirklich nicht abzusehen. Plötzlich rumorte es unter dem Bett. Ein Scharren, dann ein Grunzen. Erst Ärger über die Störung, dann Panik. Ich knipste die Stablampe an. Im Lichtkegel zeigte sich ein blinzelndes, fettes Schwarzschwein, das rundgemästet hier seinen Schlafplatz eingerichtet hatte und sich nun gestört fühlte. Tiaré versuchte das Tier nach draußen zu treiben, vergeblich. Es rannte im Schweinsgalopp rund ums Bett. Tiaré hinter her und ich hinter beiden. Zu komisch. Eine Szene, wie für einen Witzfilm bestellt. Sie kennen das ja: nichts ist abturnender als Lächerlichkeit. So zerfloss die Südseeliebe. Aus Lust blieb nur noch Frust. Träume ade. Vorbei wie nach einer eiskalten Dusche. Und die Nacht der tahitianischen Freuden durch Gastfreundschaft endete auf einer Bastmatte am Strand.

# Mit Prinz Charles im Hotel

## WIE AMEISEN SEINEN GEBURTSTAG VERDERBEN

Ich komme spät an. Fluglotsenstreik. Novemberwetter in London, kalt, schwere Regentropfen, einfach widerlich. Der Portier des „Claridge's" eilt mit dem Schirm herbei: „Welcome home, Sir, isn't it a lovely day?" Dazu lächelt das ganze Gesicht über dem goldabgesetzten Kragen. Im „Claridge's" hat eben auch ein Sauwetter ein Fünf-Sterne-Wetter zu sein. Alles andere würde das Haus beleidigen. Schließlich hat Königin Victoria unter den Kristalllüstern der Säulenhalle schon vor einhundertdreiundvierzig Jahren Monarchen und Diplomaten begrüßt.

Ich bekomme noch einen kleinen Tisch am äußersten Rand des Restaurants. Ihre Majestät, die Queen, hatte sich mit „kleinstem Freundeskreis" zum Dinner angesagt und ausdrücklich Wert darauf gelegt, den normalen Restaurantbetrieb nicht zu stören. Diesem Wunsch hatte man in vertretbaren Grenzen entsprochen. Und dann gab es doch Aufregung und Hektik, beinahe Panik. Nur weil ein Gast seine Handtasche im Eingangsbereich abgestellt und vergessen hatte. Feuerwehr und Spezialisten rückten an. Als man das feine Genuss- und Nachtquartier gar räumen wollte, kam die Besitzerin herbei und wusste gar nicht, wie ihr geschah.

Derartige Zwischenfälle gehören zu den kaum registrierten in einem Hotel, in dem sechs Generationen von regierenden Herrschern geschlafen und getafelt haben. Überliefert ist der Ausruf eines Monarchen, den man gerade vom Thron vertrieben hatte: „Thanks God, ‚Claridge's' is still there!" – Gott sei Dank gibt es noch das „Claridge's". Er lebte fortan mit dem unauffälligen Namen „Mr. Brown", wurde in den feinen Kreisen „King of Claridge's" genannt. Ein Adelstitel, den ihm keiner nehmen konnte, und das Personal akzeptierte ihn mit britischem Humor.

Selbstverständlich steht auch heute in den beiden Penthouses und den feinen Suiten nicht nur für den Adel ein Butler bereit, der die geputzten Schuhe in Seidenpapier zurückbringt, frische Früchteteller arrangiert und den Tee zelebriert. Königlich untergebracht fühlt man sich auch in den Standardzimmern mit wohltuenden vierzig Quadratmetern. Zu meinen gewünschten drei Kopfkissen wurde am späten Abend noch ein schlafförderndes Kräutersäckchen drapiert. Jeden Monat werden zwölftausend Rosen in die Zimmer und Suiten gestellt. Livriertes Personal nimmt einem schon am Eingang Pakete und Einkaufstüten ab, dirigiert sie aufs Zimmer. Und in derselben Ecke der Lobbylounge spielt ein ungarisches Quartett, vor fast einhundertsechzig Jahren erstmals unter Vertrag genommen (natürlich mit ständig wechselnder Besetzung).

Auch in der Gegenwart ist das „Claridge's" nach wie vor Gästehaus der Hochwohlgeborenen. Während des Zweiten Weltkriegs wohnten dort so viele gekrönte Häupter, dass ein ausländischer Diplomat, der den König zu sprechen gedachte, gefragt wurde: „Aber welchen König bitte?"

Natürlich geht auch hier, in der Herberge der Royals, mal etwas schief, aber das wird mit adliger Diskretion nur hinter vorgehaltener Hand weitergetragen.

Eine kleine Katastrophe deutete sich an, als bei Prinz Charles' Geburtstagsparty in einem separaten Raum der livrierte Kellner eine Ameise entdeckte, die respektlos über das feine Porzellan mit der Krone lief. Diskret und auffällig unauffällig wischte er das Tierchen mit einer Serviette weg. Doch unfassbar, auf der anderen Seite des Tellers krabbelten nun zwei Ameisen – und der Versuch einer unentdeckten Entsorgung wiederholte sich. Bei fünf Ameisen entstand Hektik und ein gemurmeltes „I'm so sorry". Ein zweiter

Livrierter zog mit in den Krieg gegen die Übermacht. Das Heer der Ameisen wuchs, formierte sich zu einer ganzen Ameisenstraße. Der Prinz und seine Freunde waren *not amused,* einige Damen zeigten sich geradezu empört. Das Hotel wurde beschimpft (der Adel kann ganz schön vulgär werden), war aber ohne Schuld. Für das Unheil hatte ein Charles-Freund gesorgt, der eine prächtige Blumenkomposition auf gewaltigem Moosbett mitgebracht hatte, die zwar von den Sicherheitskräften routinemäßig auf Metall gecheckt worden war, verständlicherweise aber nicht auf Ameisen. Dem „Claridge's" hat diese Schlacht nicht geschadet, und mir wurde die Geschichte im Verschwörerton erzählt mit dem Hinweis auf absolute Diskretion. Und deshalb bitte ich Sie, lieber Leser, sich strikt daran zu halten.

Der Abschied vom „Claridge's" war übrigens so stilvoll wie die Begrüßung: „Schade, dass Sie uns verlassen müssen", bedauerte der Portier, und er sagt das mit gleichem Ernst zu jedem Gast. Wie stets stellte er fest: „Isn't it a lovely day?" – und tatsächlich schien für einen kurzen Augenblick zwischen schweren Wolken die Sonne über der Themse.

# Liebesgrüße aus Moskau

## DIE ZAUBERHAFTE RUSSIN IN DER LOBBY

Das Leben ist oft eine große, süße Lüge, vor allem, wenn Männer auf Reisen gehen. Nicht ohne Augenzwinkern hatten Freunde und Bekannte Deutschlands besten Gastgeber, den Berliner „Adlon"-Chef Gianni van Daalen, nach Moskau verabschiedet, wo der Erfolgshotelier fortan das traditionelle „Baltschug Kempinski" auf Vordermann bringen soll. Immer wieder war von den schönen Russinnen die Rede, die in der Lobby auf schnelle Abenteuer warten.

Nach seinem Amtsantritt habe ich van Daalen in seinem neuen Domizil besucht und mich natürlich umgesehen. Nicht eine einzige dieser so appetitlich beschriebenen, aparten Venuspriesterinnen war mir aufgefallen, na ja, bis zum letzten Tag meines Aufenthalts.

Sie duftete nach leichten Essenzen von Neroli, Bergamotte und Kardamom mit Noten der

Tabakblüte. Sie war dezent geschminkt, elegant gekleidet und sprach ein lupenreines Englisch. Gleichzeitig bewegte sie sich katzenhaft, dass so manch einer bereit war, dem Bösen seine Seele zu vermachen, wenn, ja wenn ...

Als ich bei der Wagenmeisterei in der Lobby des Hotels einen Mercedes bestellte, der mich in das Superkaufhaus Gum bringen sollte, stand sie plötzlich an meiner Seite und fragte sehr behutsam und zurückhaltend, ob sie denn mitfahren dürfe. Daraus wurde ein lustiges Shopping, ein fixes Lunch, eine gemeinsame Rundreise durch die Stadt. Sie hieß Krasina und zeigte mir „ihr" Moskau, wie einst Natalie in Gilbert Bécauds Welthit. Sie wirkte rein wie das Quellwasser von der Schwäbischen Alp, und ich hätte mir unter anderen Umständen vorstellen können, dass sie mir aus der Bibel vorlesen würde. Erst viel später im Hotel, als mir die Korkenzieherlockenblonde auf eine Frage antwortete, die ich, ganz ehrlich, nie gestellt hatte: Ja, sie wolle jetzt meine Suite sehen, wurde das Rollenspiel für die Rund-um-die-Uhr-Betreuung, dieses *all inclusive,* wie die Reisebranche es nennt, geklärt.

Doch ob Sie es glauben oder nicht, das Gesamtprogramm blieb unausgeschöpft. Der aufregende Film endete gleich nach der Werbung. Danach folgte nur noch ein freundschaftlicher Abschied, ein verlorenes Winken an der Drehtür zum strengen Winter.

Van Daalen, der Mann mit dem notgedrungenen Bettentausch von Berlin nach Moskau, schmunzelt über solche Geschichten. Schon nach kurzer Zeit fühlt er sich wohl in diesem Haus mit heimischen Elementen wie Nachmittagstee und Berliner „Café Kranzler". Auch der attraktive Tagungsbereich im Atrium dieses russischen Hotels von 1898 lässt spürbar werden, dass Moskau näher gerückt ist. Im Fernseher sind alle westlichen Sender programmiert, und jeden Morgen hängen die Tageszeitungen als Computerausdruck an der Zimmertür, die „Welt am Sonntag" ebenso wie regionale Blätter.

Das „Baltschug" hat, wovon andere Hotels nur träumen können: den perfekten Standort

*(Location, location,* wie Conrad Hilton immer sagte) und damit einen sensationellen Blick aus dem Fenster. In meiner persönlichen Rangliste dieser Kategorie der schönen Bilder, *Room with a view,* gehört das Moskauer Flaggschiff zu den Top Ten.

Ich wohnte in „505“, das Wohnzimmer der Suite ist rund gebaut und bietet eine unübertreffliche Sightseeing-Tour zu den Sehenswürdigkeiten Moskaus. Bei einem Zimmerrundgang präsentiert sich das Zentrum der Stadt quasi als Breitbandfolge: Im Vordergrund der Fluss Moskwa, dahinter der Rote Platz, rechts davon das Wahrzeichen, die berühmte Basiliuskathedrale mit den Zwiebeltürmchen. Ganz links liegt der Kreml mit seinen Prachtbauten. Ein aufregendes Panorama bei einer Besichtigungstour, ohne das Zimmer verlassen zu müssen. Das allein ist schon die Rate wert.

Ein letzter Rundgang mit van Daalen, er begrüßt die Gäste locker mit *Sdráwstwujte!,* Guten Tag, bedankt sich bei den Mitarbeitern mit *Sspassibo!* Am Eingang steht Krasina und winkt zum Abschied.

# Kempinski Heiligendamm

## DIE WEISSE STADT AM STILLEN MEERESSAUM

Die sich überschlagende Begeisterung der Schriftstellerin Fanny Lewald liest sich wie der Werbetext in einer Touristikbroschüre von Heiligendamm: „Das abstrakte (unwirkliche) Heiligendamm ist märchenhaft schön und prächtig! Des Süden Reiz und die Romantik des Nordens vereinigen sich in der Nähe des Meeres. Berauschend der Duft der Lindenblüte des frisch gemähten Heues, wenn der Meereshauch sie durch die Luft trägt. Ländliche Tage sanft und still, ein himmlisches Bett nahe dem Brückensteg." Ein Bett mit Wellenrauschen sozusagen. Na und? Der Glücksausbruch liegt 123 Jahre zurück. Hundertdreiundzwanzig! Und nichts muss heute bei atmosphärischer Schilderung verändert werden. Heiligendamm hat kaum etwas an Faszination von damals verloren. Königsblau, Blattgrün, Altweiß vor Tintenblau – das Farbenspiel als Rahmen für das Legendengemälde. Der Himmel, der Wald, das Grandhotel am Strand, die Ostsee. Das aufgewühlte Meer ist nur wenige Schritte, der lärmende Alltag eine Ewigkeit entfernt. Ein Blick aus dem hohen Fenster, Zimmer 503 im Wohnpalast, Haus Mecklenburg, „Grand Hotel Heiligendamm“ bei Bad Doberan (gemanagt von Kempinski) vermittelt Eleganz und Schönheit im klassizistischen und Tudorstil. Luxus im Hotel hat nichts zu tun mit einem Schönheitsbad in Eselsmilch oder vergoldeten Toilettendeckeln. Feinste Annehmlichkeiten für den Gast sind heute funktioneller abgestimmt als unverblümter Prunk und Pracht der Belle Époque.

Am Abend böllert Feuerwerk, tauchen Leuchtkugeln die weiße Stadt und den Strand in ein aberwitziges Lichterstakkato. Ganz unten, am Rand der Terrasse, steht der Mann, der Heiligendamm, das erste und schönste deutsche Bad mit Strandhotel und Villen-Ensemble, wiederbelebte. Es ist der Fondsspezialist und Investor Anno August Jagdfeld.

Am Eingang öffnet gerade der Doorman in Frack und Zylinder die Wagentür eines Aston Martin. „Willkommen im Grand Hotel Heiligendamm.“ Der Parkplatz wirkt wie eine erlesene Luxussammlung teurer Automobile.

Neben den 225 Zimmern, davon 107 Suiten, soll ab Herbst die unmittelbar am Strand liegende Perlenkette der Villen restauriert und in hochwertige Eigentumswohnungen umgewandelt werden. Zum G-8-Gipfel im Sommer 2007 wird dann baustellenfreier, aufpolierter, kaiserlicher Glanz von Anno dazumal die Anziehungskraft dieser Ostseeregion erhöhen.

Wenn George W. Bush in meinem Bett von heute nacht oder in der Hochzeitssuite mit Dachterrasse geschlafen hat und Putin den Blick auf das segelbetupfte Meer genießen durfte. Selbst sachliche Politiker werden schnell erkennen, dass kaum ein anderes europäisches Hotel eine derart wertvolle Detailarbeit in der Ausstattung aufweist. Im Sommer ist die Auslastung gut, das Grandhotel mit der weitläufigen Anlage soll aber zum Ganzjahresziel werden. Die Winterattraktionen sind schnell aufgezeigt: perfekte Erholung in eleganter Umgebung, ein inzwischen exzellentes Gastronomieangebot mit einer Küche im Gourmetrestaurant „Friedrich Franz" auf Sterneniveau mit Tillmann Hahn am Herd und einem legeren „Italiener" am Strand. Dazu kommt ein vorzüglicher Wellnessbereich mit großzügigem Pool, zusätzlich wird noch ein Ayurveda-Zentrum gebaut. Ein attraktives Angebot. Der Gast fühlt sich wie auf einer Zeitreise, vorwärts in die Vergangenheit. Wohlfühlen wie im 18. Jahrhundert. Da wünschte man sich *bon voyage.* Es war die goldene Zeit des Reisens, als es unseren Planeten zu entdecken galt, und es war der Beginn der individuellen Kuren – die vielen Schlemmereien waren den Reichen und Privilegierten auf die Galle geschlagen. Die Damen wurden schwermütig, die Herren passten nicht mehr in ihre Anzüge. Gründe genug, die feinsten europäischen Bäder aufzusuchen und die Wirkung des Heilfastens und der Mineralwasser zu nutzen.

Einer der beliebtesten europäischen Kurorte war schon in jenen Tagen Heiligendamm, das 1793 der Mecklenburger Herzog Friedrich Franz am Ostseestrand hatte erbauen lassen, 26 weiße Prachtvillen am Saum des Meeres.

Die Szene zur zackigen Marschmusik ist verbürgt: Kaiser Wilhelm I., in bester Laune, kickte mit dem Stiefel einen Stein ins Wasser und zeigte mit ausholender Handbewegung auf die leuchtenden Bauten und prophezeite: „Dieses ist meine weiße Stadt, gebaut für die Ewigkeit, das schönste Seebad der Welt.“ Nun ist das mit der Ewigkeit so eine Sache. Doch ein kleiner Schritt in die Richtung wurde getan.

# Der Tiger unterm Billardtisch

## DIE JAGD IM RAFFLES HOTEL SINGAPUR

Menschen im Hotel in aktueller Version. Ich habe es gefunden, das *Who's who* auf der Bühne eines feinen Domizils. Unglaublich, wer sich da alles zur selben Zeit unter dem Dach des Boutiquehotels in Washingtons Spaß-Viertel Georgetown eingefunden hatte. Das mit 86 Suiten und Zimmern kleinste „Ritz-Carlton" weltweit gilt seit der Eröffnung als Treffpunkt, aber auch als stilles „Rückzugsgebiet", als Versteck der Politik und der Prominenz, ein klassisches *hideaway* mitten in der Weltmetropole.

Da saß unser ehemalige Außenminister Joschka Fischer mit der ehemaligen US-Außenministerin Madeleine Albright im vertrauten Gedankenaustausch. Vielleicht hat er die Erfahrung abgerufen, wie es sich lebt, wenn man nicht mehr im Amt ist. Im Nebenraum nahm Laura Bush, die First Lady der USA, als Ehrengast an einer

Buchvorstellung teil, schüttelte zahllose Hände, ohne Ermüdungserscheinung zu zeigen. Da polterte Mike Tyson mit acht Zentner Bodyguards (auf zwei verteilt) in die Szene, stapfte ins Gourmetrestaurant „Fahrenheit". Er wohnte hier bis zu seinem Comeback-Kampf, der zum Totalabschuss wurde. Mike, der Ohrenbeißer, bestellte ein Dutzend Cheeseburger nach Art des Hauses mit doppelter Menge Pommes frites, fürs Erste, wie er betonte ...

Russell Crowe, der Oscar-gekrönte Gladiator, in New York mit Problemen im Hotel, weil man ihm (unbewiesen) nachsagte, er habe einiges von der Ausstattung mitgehen lassen. Er hockte mutterseelenallein an der Bar, vielleicht suchte er die rummellose Zone. Nordamerikas Baseball-Superstar Mike Davis von den New York Nets, der zu einer Knieoperation nach Washington gekommen war und einen Monat lang im Hotel lebte, versuchte, meinen Namen – Heinz – korrekt auszusprechen. Schließlich fiel ihm die Eselsbrücke ein: Heinz Ketchup. Und so kam es, dass er mich fortan ausgerechnet mit dem Firmennamen der kulinarischen Todsünde seinen Freunden vorstellte: „Das ist Heinz Ketchup."

Wie gesagt: alles unter einem kleinen roten Dach gegenüber der Grace Church. Beinahe vergessen, ein paar Models der ersten Wintermodenschau zum Sommeranfang wirkten wie bunte Streusel auf der Sahnetorte. Geradezu unterirdisch versteckt, am Ende des Backsteinlabyrinths auf zwei Ebenen (der sehr teure Grund und Boden muss optimal genutzt werden), liegt die gemütliche Lounge des „Georgetown Hotels". Hier treffen sich Politiker zum Austausch, andere sagen, auch zur Vorabstimmung, wenn wichtige Entscheidungen anstehen.

Sir Gregor aus Hampshire hockte da ganz entspannt hinter einer Pyramide von Zeitungen, alles Computerausdrucke, die ihm die Hotelleitung allmorgendlich bescherte. Wer Sir Gregor ist? Gewiss der öffentlich am wenigsten bekannte Gast, aber der Mann mit der interessantesten Geschichte. Sir Gregors Urgroßvater hatte 1886 ein winziges Hotel mit Café in Singapur an drei armenische Brüder verkauft. Das wurde das legendäre „Raffles", das nach dem Gründer der Kolonie, Sir Thomas Stamford Raffles, benannt ist. Es war die Zeit, als die Stadt noch bis an den Urwald reichte.

Der Brite, Gregors Ahne, wollte mit einem Freund im Billardraum eine Partie spielen, als ein Kratzen und Fauchen die beiden irritierte. Sie sahen sich um, es stockte ihnen der Atem. Unter dem Billardtisch hatte sich, offenbar gesättigt, ein ausgewachsener *Tiger* zur Ruhe gebettet. Gemessen zogen sich die Herren zurück, holten Gewehre und erschossen die Raubkatze. Sir Gregor erzählte so spannend und faszinierend, dass man unwillkürlich einen Blick unter den Tisch warf.

Schon wenige Jahre später gab es den Urwald nicht mehr, Singapur wurde zum eigenen Stadtstaat und bereits 1905 wurde das „Raffles" zur besten Adresse außerhalb der Britischen Inseln gekürt und von der Londoner Gesellschaft das „Savoy des Ostens" genannt. Somerset Maughams Ausspruch, „Raffles steht für all das Märchenhafte des exotischen Ostens", liest der Gast heute noch auf jeder Streichholzschachtel.

Mindestens einmal im Jahr, da legt Sir Gregor Wert drauf, besucht er das Haus seiner Vorfahren. Der Mann, der sich selbst *Deal Maker* nennt (einer, der Geschäfte eintütet), beklagt aber, dass der alte koloniale Reiz total verloren sei. Hier dagegen, im kleinen Kuschel-„Ritz-Carlton", fühle er sich so wohl, weil der ganze Rummel eines Hotelpalastes fehle. Sir Gregor, Sie haben Recht.

# Wiedergeburt des Vier Jahreszeiten

## DIE RENAISSANCE IM FRÜHEREN GÄSTEHAUS DES BAYERN-KÖNIGS

Normal war das nicht. Der eigensinnige Graf Törring pflegte im Münchner Nobelhotel „Vier Jahreszeiten" hoch zu Ross über das Treppenhaus direkt in sein Zimmer zu reiten, zur großen Bestürzung der Gäste. Die Hotelleitung lebte aber schon damals mit derartigen Extremen und hielt die Pagen an, dem blaublütigen Reitersmann zu salutieren. Nein, Schwierigkeiten durften niemals erkennbar werden. Damals ebenso wenig wie heute.

Nicht mal, als der Kaiser von Siam mit eintausenddreihundertundzwanzig Koffern Reisegepäck eintraf und es für selbstverständlich befand, dass alle sogleich auf die Zimmer befördert wurden. Selbst die komplette Küchenbrigade half eiligst. Geschichte und Geschichten sind mindestens ebenso das Entree zum Traditionshotel (seit 1858) wie die verwinkelte Auffahrt an der Maximilianstraße, bei der sich Kunstfahrer um die Säulen quälen.

Wo Prinzen und Prinzessinnen, Könige und Präsidenten, all die hochherrschaftlichen Gäste des bayerischen Königshauses und später die Schönen und Reichen ihre Häupter betteten, habe ich ganz aktuell gut geschlafen, in edler Wäsche und zarten Daunen. Das ist erwähnenswert, weil ich das „Vier Jahreszeiten" jahrelang gemieden hatte. Jetzt durfte ich bei meinem Aufenthalt die Renaissance des Kempinski-Hotels in München erleben. Ein Vorgang im Eiltempo.

Stephan Interthal heißt der Zeremonienmeister des Wohlfühlens und der feinen Lebensart unserer Tage. Er brachte das Grandhotel, das zur kleinen internationalen Luxusliga gehört, zurück auf Kurs.

Das Kempinski-Management hatte ihn aus Budapest geholt, um in der bayerischen Hauptstadt die unglücklichste Phase des Traditionshauses, in dem zeitweise Sparprogramme und Systemgastronomie dominierten, zu beenden. Jetzt ist es wieder das Vorzeigehotel an Münchens schönstem und vornehmstem Prachtboulevard mit sechs Theatern, Kunstgalerien und großen Marken in der Nachbarschaft. Hinter der gläsernen Drehtür spürt man nun wieder den heiteren Charme, der von Menschen geprägt wird. Da sich ein Spitzenhotel auch über den Bereich Essen und Trinken (F&B) definiert, sorgte Interthal mit der Verpflichtung des Küchenchefs der „MS Deutschland" und eines guten Teams am Herd für das kulinarisch genussvolle Begleitprogramm. Die Concierges im „Vier Jahreszeiten" gehören sowieso zu den besten im Lande. Heute macht das Haus einen vorzüglichen Eindruck, ein echtes Hotel der Kategorie Fünf Sterne Plus.

Wie edel (und teuer) ein Hotelbett mit angenehmem Drumherum ist, soll durch die Klassifizierung, durch die Anzahl der vergebenen Sterne deutlich werden. Wirklich? Tatsächlich ist dieses System so sicher wie Sternedeuten. Es ist nichts als ein grober Rahmen, eine oberflächliche Einordnung, die den persönlichen Service ebenso wenig erfasst wie den Charakter und den Charme eines Hotels. Erschwerend kommt hinzu, dass viele „selbstgebackene" Sterne als glänzende Dekoration neben dem Eingang verwirren, nicht helfen, weil sie dem Gast Vorzüge vorgaukeln, die nie eingehalten werden können. Bei der Klassifizierung wird nur abgehakt: Vierundzwanzig-Stunden-Roomservice oder nicht, ein oder mehrere Restaurants, weitere Facilities und technische Einrichtungen.

Die gewaltigen Hotelschlösser in den Emiraten haben sich gleich mit sechs Sternen ausgezeichnet, obwohl es die offiziell gar nicht gibt. Besonders kurios sind oft die Bewertungen in den USA. Ein negatives Extrem ist dabei das

„La Playa Hotel" an Floridas Westküste. In der nach unten offenen Werteskala rangiert das Hotel tatsächlich ganz unten, in der Bewertung des bedeutendsten Reise- und Hotelmagazins ist es absolute Spitze. Kurz: Der Service ist grottenschlecht.

Derartige Probleme hat das Münchener „Vier Jahreszeiten" heute nicht mehr. Auch unter den deutlich angehobenen Qualitätswünschen des Kempinski-Präsidenten Reto Wittwer gehört das Haus in die erste Division, in die echte Luxusklasse der stark expandierenden Gruppe.

# Härtetest auf dem Meer

## BILLIGKREUZFAHRT DER SCHLIMMSTEN ART (EASY CRUISE)

Der Titel ist heute viel zu freundlich für diese Erfahrung: In fremden Betten? Auf der „Easy Cruise One", einem Kreuzfahrtschiff der rustikalen Art, wäre die Formulierung „auf einem fensterlosen Matratzenlager" präziser.

Es geschah um 3.30 Uhr am frühen Morgen oder in tiefer Nacht, ganz wie Sie wollen. Nach quälender Schlaflosigkeit mit Türenschlagen wie Peitschenhiebe, grölender Ballermann-Klientel und Lustschreien durch papierdünne Wände war ich gerade in rettenden Schlaf gefallen. Da polterte und hämmerte es an der Tür. Der Lärm war stärker als die Stöpsel in den Ohren. Zaghaft öffnete ich. Ein Notfall? Schon. Vor mir stand der tätowierte Brite von nebenan, nur mit einem Handtuch vor dem Bauch, und fragte wie selbstverständlich, ob ich ihm aushelfen könne, die Präservative seien ihm ausgegangen ...

An Wiedereinschlafen war nicht zu denken, der erwachende Tag geradezu eine Erlösung. Auf dem fünften Deck legte ich mich auf eine Liege. Der Sonnenaufgang über dem Meer wurde zur Seelenmassage.

Es ist gewiss die Werbe-Hochstapelei des Jahres, den alten italienischen Seelenverkäufer, orange eingefärbt, „Luxusliner“ zu nennen. Bis auf ein paar Vier-Bett-Abteile und vier „Suiten“ mit mehr Platz sind alle 74 fensterlosen Doppelkabinen an Bord gleich. Auf zwei mal zwei Meter Raum liegen zwei Matratzen auf Plastik, mit einem knappen Zwischenraum, aber ohne Stuhl, Schrank und Tisch, nicht mal ein Zahnputzglas gibt es. Zwei Bügel hängen an Haken an der Wand, und ein Bad mit Dusche ohne Abtrennung sowie eine Toilette, eher geeignet für körpergewandte Schlanke, umfasst die „Genuss-Offerte“.

Siebenunddreißig Euro Tagessatz pro Person, das ist die Attraktion von Easy Cruise. Auf den ersten Blick eine Preissensation, beim näheren Hinsehen eine Mogelpackung. Die Kabinenreinigung wird mit elf Euro extra berechnet. Frühstück und jedes Glas Wasser sowieso.

Für wen ist Easy Cruise gemacht? Für diejenigen, die Seefahreratmosphäre und schöne Destinationen zum vorgegebenen Preis erleben möchten, einen unerschütterlich tiefen Schlaf haben und die Gnade, Schmuddeligkeiten an Bord zu ignorieren. Sicherheitsdefiziten muss mit der Kölschen Philosophie begegnet werden: „Et hätt noch immer jot gejange ..." Wollen wir hoffen, dass es immer gutgeht.

Speisen und Getränke in Snackrestaurant oder Sportsbar werden stets extra bezahlt. Die Qualität ist gleichmäßig grässlich. Hamburger, Rippchen und Pizzen sind aufgewärmt. Obst zum Frühstück konnte mir nicht serviert werden. Nur eine Portion Bohnen mit fetten Würstchen – und das am Morgen.

Gott sei Dank gibt es wenige Regentage an der Côte d'Azur, sonst würde das Chaos zum Programm. Was können die Gäste an Bord tun? Es gibt kein TV, kein Radio, kein Telefon, keine Zeitung. „Normale" Kreuzfahrtschiffe zeichnen sich auch durch stille Ecken, Bibliotheken, Kino und Unterhaltungsprogramme aus.

Allein darum ist ein Vergleich kaum zulässig. Das gilt auch für die Organisation an Bord: Meine Buchung war nicht zu finden. „Meine" Kabine war schon von zwei jungen Damen belegt. Dann zog ein Rezeptionsmitarbeiter mit Universalkarte von Kabine zu Kabine, öffnete stets ohne anzuklopfen. Die ersten waren alle belegt, schließlich fand er eine, die noch verfügbar war. Ein, sagen wir mal, höchst eigenwilliges Verfahren. Service findet nicht statt. Das Gepäck zerrt und schleppt jeder die Leiter und Treppen hoch. Der einzige Fahrstuhl an Bord ist seit der

Jungfernreise außer Betrieb und wird nicht repariert.

Was spricht für das Orange-Paket? Die Route. Freitags in Nizza, samstags in Cannes, sonntags in St. Tropez, montags in Monaco, dann Genua, Portofino und Imperia. Herrliche Ziele und viel Zeit, sie zu erkunden. Man kann in jedem Hafen zusteigen. Zwei Nächte sind Minimum. Das Schiff fährt bis in den Oktober immer die gleiche Strecke.

Rund um die Uhr Spaß für junge Leute, die nicht lärmempfindlich sind. Die Disco dröhnt bis zum Frühstück. Formale Dinge wie bei einer richtigen Kreuzfahrt (Kleiderordnung, Essenszeiten, gepflegtes Auftreten) – alles kein Zwang für „Easy Cruise“-Bucher. Ob nun hier oder auf der „Europa“, dem feinsten aller Kreuzfahrtschiffe: salzigen Wind schnuppern, auf die Wellen schauen, Langsamkeit genießen, das kann kein Konzept verhindern.

# Die feinste Art zu reisen

## IM GRANDHOTEL AUF WELLEN GLEITEN (MS EUROPA)

Heutzutage sind die Häfen, auch die nobelsten und einst exklusiven, dem Ansturm der Billiganbieter ausgeliefert. Doch selbst auf den „Rennstrecken“ der Kreuzfahrtschiffe, die Zugvögeln gleich der Sonne entgegenstreben, gibt es mindestens ein Schiff, das die Wellen des Massentourismus schneidet. Nach dem 37-Euro-Schockerlebnis auf der „Easy Cruise“ möchte ich hier das andere Extrem vorstellen: Die „MS Europa“, das weltbeste Angebot dieser Urlaubsform mit den höchsten Zuwachsraten.

Ich wohnte in der Suite 727 auf dem Sport-Deck. Vom Kopfkissen aus sieht man das Meer, atmet die salzige Luft durch die weitgeöffnete Schiebetür zum Balkon. Nebenan residierte eine alte Dame, die bereits dreihundert Nächte auf der „Europa“ verbracht hat. Seitdem ihr Mann verstorben ist, wurde das Schiff zum Lebensmittelpunkt. Im nächsten Monat feiert die treue, wenn auch nicht ganz einfache Passagierin den 100sten Geburtstag, natürlich an Bord.

Die Weltreise hat sie gerade erlebt, mit Polynesien, den Inseln im Indischen Ozean, mit Afrika, Rio und und und, die ganze exotische Dröhnung, die weite Welt in Tagesportionen. Als ich an Bord ging, lag das Schiff allerdings fest vertäut im Amsterdamer Hafen, damit auch nicht die kleinste Wellenbewegung die kunstvollen Kreationen der Meisterköche auf dem Lido-Deck gefährden konnte.

Es war die Zeit des 2. Gourmetfestivals „EUROPAs Beste". Zwanzig der renommiertesten Sterneköche aus Deutschland, der Schweiz und Österreich, dazu Topwinzer und Patissiers zauberten an mobilen Genussstationen. Die Akteure aus dem Olymp wie Heinz Winkler (Jakobsmuscheln), Karlheinz Hauser (Thunfisch mit Pfefferlack) oder Heinz Wehmann aus dem „Landhaus Scherrer" in Hamburg (krosse Ente) schufteten unter freiem Himmel, sorgten für Genuss pur. Gleichzeitig wurde die „Sansibar", die Zweitausgabe der Sylter Paradeadresse, eingeweiht.

Das Schiff, das vom „Berlitz Cruise Guide" zum fünften Mal in Folge als einziges Schiff mit „Fünf Sterne Plus" bewertet wird, präsentierte nicht nur ein ungewöhnliches kulinarisches Programm. Der Event wurde mit einem asiatischen

Feuerwerk und der Musik der Platters („Only You“) begleitet.

Bei allen noch so interessanten Themenausrichtungen bleibt stets das Maritime, der Genuss der Langsamkeit, das Erlebnis Meer im Mittelpunkt. An Seetagen ist ein Hoch im Kopf garantiert, ob es nun regnet oder die Sonne lacht. Die silberne Wellenspur hinter dem Heck des weißen Schiffes verbreitert sich, tänzelt seitlich aus und zieht Schaumränder in die weiten Wasserflächen. Wenn ich auf dem Sport-Deck stehe und die endlose Weite des Meeres erlebe, ist das für mich Erholung pur, mit nichts vergleichbar.

Die hohe Kunst des Nichtstuns lernen Sie nirgendwo perfekter. Der Liegestuhl auf dem Sonnendeck wird zum Mittelpunkt des Seins, wenn sich das leise Vibrieren von unten nach oben und von achtern bis zum Bug durch den Leib des Schiffes auf die Schuhsohlen überträgt. Das Zeichen, dass die Reise beginnt.

Fünf „Europas“ gab es bereits vor dem aktuellen Paradeschiff. Die erste bot im Jahre 1891 220 Passagieren knapp bemessene Kabinen. Die „Europa III“ war mit 2024 Gästen an Bord die größte, vom Passagierraum auch die engste. Die „Europa IV“ (heute ein schwimmendes Casino) gehörte schon zur *Champions League* der Besten. Die aktuelle „Europa“ übertrifft sie alle, sie ist der Stolz der europäischen Cruise-Flotte, ein Grandhotel auf Wellen.

Die Sonne sengt, der Champagner perlt, die Stimmung ist beschwingt, wo noch eine Woche zuvor eine salzig gespritzte Achterbahn beklagt wurde, auf der nur technisch perfekte „Musikdampfer“ wie das Flaggschiff von Hapag-Lloyd Stabilität garantieren.

Am frühen Morgen empfängt uns das oft stürmische Königreich, die See, untypisch sanft mit Silberflitter und Säuseln, statt mit wippendem, schlingerndem Rock'n'Roll auf hohen Wellen. Wir gleiten ruhiger, leiser als alle Ausflugsschiffe bei einer Brückenfahrt auf der Spree. Aus der Nordsee fährt die „Europa“ auf der Elbe zum Hamburger Hafen. Das letzte Teilstück, stromaufwärts, vermittelt dabei weitere Genusslektionen. Eigentlich ist es ganz egal, welche Route Sie wählen, die Seetage sind zu Recht die beliebtesten, ob nun im Indischen Ozean, in der Süd- oder Ostsee oder auf der Elbe.

# Menschen im Adlon

## JEDER SERVICE IST SELBSTVERSTÄNDLICH

Menschen im Hotel und Szenen, wie sie vermutlich jeder schon erlebt hat, der häufig unterwegs ist: Fünf Minuten vor einem wichtigen Geschäftstermin reißt plötzlich der Schnürsenkel oder ausgehfertig für die Gala stellt man fest, dass die Fliege leider noch zu Hause liegt. Solche und ähnliche Situationen passieren eben. Gut, wenn das Hotel dann einen so umfangreichen Concierge-Service hat wie das Adlon in Berlin.

Der gerissene Schnürsenkel etwa und hundert andere Kleinigkeiten werden vom Concierge schnell und kostenfrei zu jeder Tages- und Nachtzeit ersetzt – bei den Schuhbändern übrigens in allen Farben und Längen. Krawatten, Fliegen oder Manschettenknöpfe liegen in der Auswahl einer Warenhauspalette zum Ausleihen bereit. Eigentlich selbstverständlich, werden bei Bedarf Zahnpasta und Zahnbürste, Deos, Rasierklingen und Rasierschaum zur Verfügung gestellt und selbst ungewöhnliche Gegenstände wie eine Lupe und ein Fernglas bereitgehalten. Das Vergrößerungsglas gehört zum Bestand, seitdem ein Gast spät abends um eine Lupe bat, weil er das „Kleingedruckte" in einem Vertrag nicht lesen konnte. Der Abschluss konnte getätigt werden. Der Page, der die Lupe brachte, bekam einen Hunderter als Trinkgeld.

Das Fünf-Sterne-Haus am Brandenburger Tor bietet, wie andere Grandhotels auch, einen Katalog von Servicediensten. „Wie man sich bettet, so liegt man": Ob Nackenrolle oder Keilkissen, feste Rosshaarkissen oder bequeme Dinkelkissen – für die Nacht serviert das Housekeeping Kopfkissen *à la carte*. Speziell für Allergiker werden Unterlagen aus einer antiallergischen Kunstfasermischung angeboten. Vor allem Sänger machen häufig Gebrauch von dem Angebot, sich einen Luftbefeuchter aufs Zimmer zu ordern, um ihre Stimmbänder mit etwas feuchterer Luft zu schonen. Von einer ehemaligen Parfümgestalterin werden die Duftnoten verschiedener Badesalze ausgewählt: Rose, Sandelholz, Pfirsich, Jojoba, Tanne und Apfel stellen eine kleine Auswahl der insgesamt zehn anregenden oder entspannenden Aromen dar. Weiteres „Bade-Highlight": Die Duschen in den Suiten sind als wohltuende Dampfkabinen nutzbar.

Hat ein Hotelgast wenig Zeit und eilt von einem Termin zum nächsten, übernimmt der Concierge dringende Einkäufe für ihn, besorgt Geschenke und Blumen, lässt sie auch gleich kunstvoll verpacken.

Längst nicht mehr selbstverständlich ist heute der Schuhputzservice über Nacht: Abends vor die Zimmertür gestellt, sammelt sie der Nachtportier ein, putzt sie und stellt sie blitzblank wieder vor die Tür. Klingt selbstverständlich, wird aber von vielen guten Häusern stiefmütterlich behandelt. Lesen Sie mal die Miami-Geschichte …

Hunde im Hotel – ein umstrittenes, ein heißes Thema: Im Adlon sind vierbeinige Begleiter tatsächlich willkommen: Körbchen, Hundeknochen, Wasser- und Futternapf stehen für sie zur Verfügung. Sollte der Hundebesitzer einmal verhindert sein, sorgt ein „Hundesitter" (übrigens eine Erfindung des Plaza in New York) dafür, dass das Tier nicht auf seinen gewohnten Auslauf verzichten muss. Wer während des Hotelaufenthaltes fit und in Form bleiben will, jedoch nicht den Geräteraum aufsuchen möchte, bekommt ein Laufband oder Fitnessfahrrad ins eigene Zimmer gestellt. Cäsar Ritz hatte sich dereinst eine Massageliege und eine Gymnastikmatte erbeten. Damals noch ein Vorgang, der Aufsehen erregte. Einen eigenen Butlerservice bieten die mit erlesenem Mobiliar ausgestatteten, prachtvollen Präsidentensuiten. Wer eine der beiden knapp zweihundert Quadratmeter großen Appartements bucht, dem steht rund um die Uhr ein persönlicher Butler zur Verfügung, der mit klassischen Diensten aufwartet: ob dem formvollendeten Servieren eines großen Menüs, dem fachgerechten Aufbrühen der typisch britischen Tasse Tee oder dem gekonnten Kofferpacken. Der „gute Geist" der Präsidentensuite ist hervorragend geschult und mehrsprachig, hilft Staatsgästen, Prominenten und allen anderen Gästen als persönliche Servicekraft mit sehr exklusiver Dienstleistung ganz nach Wunsch weiter.

Und dann werden jeden Morgen die Tageszeitungen gebügelt. Nicht um Falten zu beseitigen und holperige Überschriften glattzuziehen, nein, der werte Gast soll nur keine Druckerschwärze an den Fingern haben. Die abgebügelte Zeitung ist nicht das ungewöhnlichste Serviceelement, das in keinem Lehrbuch zu finden ist und auf keiner Hotelfachschule gepredigt wird. Im Abstellraum neben den Suiten steht beispielsweise ein Frisörstuhl auf Rollen, falls die Gäste nur in den eigenen Räumen frisiert oder rasiert werden wollen. Im Berliner Grandhotel von heute sind die Elemente aus dem alten Adlon zur Kaiserzeit wieder selbstverständlich geworden.

# Kuscheldomizile im Trüffelland

## ZAUBERHAFTE ROMANTIK, ABER HARTES LAGER

Professionelle Hoteltester, die still und leise wie Verschwörer durch die Flure schleichen, registrieren jede Kleinigkeit, die von der objektiven Perfektion abweicht, notieren gedanklich Fehler und Schwächen. Nach ihrem Hundert-Punkte-System hätten sie in der französischen Hostellerie „Beffroi" in Vaison la Romaine (Provence) im Handumdrehen eine Mängelliste zusammengestellt, die als Schulungsbeispiel dienen könnte, wie man's nicht machen soll.

Die Einrichtung meines Zimmers beispielsweise hätte gegen alle Richtlinien verstoßen: Die Toilette ist gleich neben dem Waschbecken platziert und nicht abgetrennt. Die Kleiderbügel im klapprigen Schrank laufen auf Rollen, damit ja keiner mitgenommen werden kann (als wären Hotelgäste potenzielle Bügelklauer), das helle Licht vom Brunnenplatz vor dem Fenster wird durch die schmalen Streifen von buntem Stoff kaum gedämmt, der Fernseher vermittelt nur flimmernde Suchbilder, der Holzboden knarrt, und aufgrund der dünnen Verglasung durchlebt der Gast den nächtlichen Wettbewerb der beiden Turmuhren im Bilderbuchörtchen. Nur schlechte Noten also? Ja, wenn nicht Charme, Charakter, die „Persönlichkeit“ eines Hotels viel wichtiger wären als alle Testervorgaben.

Hier im Trüffelhauptquartier der Provence, in Vaison la Romaine, passt das urige Haus mit den schmalen Steinstiegen, den offenen Kaminen und einer unbeschreiblichen Stimmung genau. Dazu gehört auch das bescheidene Frühstücksbüfett mit Croissants, Joghurt und Äpfeln. Der Kaffee und die heiße Milch stehen zur Selbstbedienung in Thermoskannen bereit. Servicepersonal wäre wohl zu teuer. Aber dann sitzt man auch an schönen Wintertagen draußen im efeuumrankten Innenhof, wo sich die Sonne fängt, und hält einen Zipfel vom Glück in der Hand. Weil es keinen Roomservice gibt und der in den Vorgaben festgelegte Komfort fehlt, hat „Le Beffroi“ nur drei Sterne.

Wertest du mit Gefühl, ordnest du das Kuscheldomizil höher ein als viele moderne Häuser der Hotelgruppen mit genormtem Komfort. Und aus der Tasche auf dem Kaminsockel strömt der Duft der tagsüber mit Hunden gesuchten schwarzen Trüffeln, die nur in weichem Papier eingerollt sind. Der Geruch weckt Vorfreude auf Genuss, macht einfach glücklich. Ich weiß nicht, ob Balzac Recht hat. Er kam zu dem Schluss, dass die „schwarzen Diamanten der Küche" für größere Hingaben gegenüber dem Eros sorgen und liebesfördernd sind. Glücklich machen sie in jedem Fall und blind für kritische Wertungen ...

Schade, dass die Natur sie nur in so kleinen Mengen spendiert. Übrigens staunte schon Napoleon über die Fähigkeit eines seiner Offiziere, bei jedem Heimaturlaub ein Kind zu zeugen. Der Soldat versprach, sein Geheimnis zu lüften, und brachte Napoleon einen Korb voll schwarzer Trüffeln mit. Neun Monate später hat Marie-Luise einen Knaben geboren. Ist vielleicht doch was dran, am Begriff der „Lustknolle".

Was für die schwarzen Trüffeln gilt, ist ebenso auf die weißen im italienischen Piemont zu übertragen. Auch hier verklären sie das eher spartanische Hauptquartier der Schlauchpilzsucher, das kleine urige Hotel „La Locanda del Sant Uffizio", eingebettet in Klostermauern aus dem 17. Jahrhundert. Zur Trüffelzeit ist es jedes Jahr komplett ausgebucht. Auch hier werden alle aufgestellten Hotelkriterien von Wohnkultur, von Bad und Zimmer über den Haufen geworfen. Die oft kalte Dusche (weil die Heißwasserversorgung nur manchmal funktioniert) und das betonfeste Nachtlager härten ab.

Die Decke meines Schlafzimmers in der zweistöckigen Kammer besteht aus unverkleideten Ziegeln auf der rustikalen, tragenden Holzkonstruktion. Eine gefährlich kurvige Holztreppe führt von Bad und winziger Vorkammer hinauf in den Schlafraum.

Oben und unten steht je ein alter rustikaler Tisch und ein Korbsessel. Weiße Leitungsschnüre führen unversteckt zum Fernseher, groß wie ein Duden, und zu den Stehlampen mit längst durchgebrannten Leuchtbirnen. Die winzigen Fenster erinnern an schweres Mönchsleben. Dennoch, es ist ein imposantes Gebäude aus dem 17. Jahrhundert, dessen Mauern Strenge ausstrahlen, und selbst in alten Ställen hat Beppe, der Besitzer, mit Liebe Gästezimmer eingerichtet. Das ganze Anwesen ist eine einzige Duftorgie, schwebt in einer Wolke von erdigen Trüffelaromen. Das muss die letzte paradiesische Verbindung vom alten Kloster zum Himmel sein.

# Lust auf (und im) Club

## ROBINSON, WIE HASTE DIR VERÄNDERT

Mein erster Cluburlaub Anfang der siebziger Jahre in Agadir swingte im Club-Med-Rhythmus der damaligen Zeit und stand ganz im Zeichen der sexuellen Befreiung, Höhepunkt der Oswald-Kolle-Welle: Alles ist erlaubt, was Lust macht. Für ein gesundes Schlaferlebnis waren die Zimmer und Hütten kaum ausgelegt. Die Kopfkissen hart, wie mit Stroh gefüllt, das Bettzeug zerknittert, wie die Dolomiten. Dafür standen die Türen offen, entwickelte sich Nacht für Nacht ein fröhliches Bäumchen-wechsel-dich-Spiel, so wie es Gilbert Triganot mit seiner Formel der drei „S" vorgegeben hatte: „Sex, Sun, Sea". Zur Abrundung kamen üppige Büfetts, Sport und Animation hinzu.

Von Produktqualität sprach damals noch keiner. Die Biertischidee eines unkomplizierten Urlaubs für aktive Menschen, erstmals im Zeltdorf von Alcudia (Mallorca) praktiziert, reichte völlig. Perlen statt Bargeld, keine Distanz durch Siezen, keine Konventionen, Spaß und Flirt von Bett bis Bar. Den Begriff „Marktforschung“ hatte Triganot noch nie gehört, damals reichte die Spontanentscheidung nach Gefühl. Showtime auf der Bühne war für den Clubchef wichtiger als Hotelkompetenz. Verrückterweise akzeptierten wir damals die hohen Preise für Hotelamateure und schleppten unsere Koffer selbst.

Beinahe auf den Tag genau 35 Jahre später erlebe ich mit dem Ganzjahresclub Amadé des heutigen Marktführers Robinson ein nahezu perfektes Angebot feinster Ferienhotellerie, ein Modell für zukünftige Spitzenangebote. Mit Karl Pojer war der Robinson-Club im letzten Jahrzehnt auf die Überholspur gegangen, hatte die Mitbewerber um Längen abgehängt. Als er zum Gesamtverantwortlichen für alle TUI-Hotels weltweit aufstieg, arbeitete Nachfolger Carsten Rath zwei Jahre lang weiter an der Qualität. Dann avancierte er zum Geschäftsführer von ArabellaSheraton. Unbeirrt setzt Robinson auch in Zukunft die Qualitätsinitiative fort.

Wie sich die Kriterien in unserer Zeit doch verändert haben. Darüber freuen wir uns heute: „KochArt“ ist das erste Clubrestaurant mit Michelin-Stern. Serge Dubs wurde verpflichtet, der weltbeste Sommelier, um das Weinangebot für die verwöhnten Besucher über den angebotenen Tischwein der einfachen Art hinaus auszubauen. Im Winter ist vor allem Ski alpin angesagt, mit Lehrer und Lift, Langlauf und einem Spa der Extraklasse; im Sommer vor allem Golf, Tennis, Mountainbiking und Wellness.

Schon früh am Morgen zum Frühstücksbüfett, das an Vielfalt nahezu sämtliche Grandhotels übertrifft, gibt es bereits die Lieblingszeitung für jeden. Rund 120 Morgenblätter, auch Fußballmagazine werden auf Wunsch ausgedruckt. Die Zimmer im Club, einst für anspruchsvolle Gäste zu spartanisch ausgestattet, sind hier groß und mit allen modernen Kommunikationstechniken ausgerüstet (Flachbildschirm, Computer). Das Wichtigste allerdings ist das liebenswerte, gut geschulte Personal. Anita beispielsweise ist blond, zierlich, jung und von offensiver Freundlichkeit. Sie beherrscht den Wirbel an der Rezeption vor allem am An- und Abreisetag mit bayerischem Charme und Kompetenz. Sie verkörpert die neue Generation von serviceorientierten Clubmitarbeitern. Im einzigen deutschen Club Fleesensee in Mecklenburg-Vorpommern wurde unter der Regie von Stefan Mangold eine großartige Golfadresse im Ferienland geschaffen.

„Der ganze Club ist die Bühne – das Stück heißt Zeit für Gefühle", so das Motto. Die Pyramide mit den Stufen zur Gästebindung, Mitarbeiterpflege und Investorenstrategie, sind das Korsett im Hintergrund, Clublässigkeit und Hotelspitzensysteme sind kein Widerspruch, sondern eine Mischung, die den Marktanteil über 80 Prozent treiben ließ. Die Mitbewerber werden nur noch unter ferner liefen geführt.

Auch die Herzlinie, die Darstellung der Gästezufriedenheit, weist kontinuierlich nach oben. Die Grundsätze für die einzelnen Abteilungen von Wellfit bis Roby Club (Kinder) sind in jeweils 16 bis 18 Punkten ausschließlich gästeorientiert entwickelt. Sie werden erkennbar gut umgesetzt. Das zahlt sich aus. Sensationell, wie sich der Club verändert hat …

Das so erfolgreiche Restaurantkonzept „KochArt" geht auf Reisen. Mit einem Michelin-Stern und zwei Gault-Millau-Hauben ausgezeichnet, macht es in insgesamt sieben Robinson Clubs Station. Unter Federführung des Sternekochs Otto Koch aus dem Robinson Select Alpenrose Zürs/Österreich erwartet die Gäste hohe Kochkunst gepaart mit inszenierter Kreativität und Entertainment. Schmecken, hören, fühlen, riechen und sehen – mit „KochArt" werden alle Sinne angesprochen.

# Taschenbergpalais & Co.

## WO DER OSTEN HOCHKLASSIG IST

Anderthalb Jahrzehnte nach der Wende wächst bei den Hotels in den neuen Bundesländern die Hochklassigkeit. Auch wenn beim Service und der Vermarktung noch viel zu tun bleibt, geht es augenscheinlich voran. Schöne Domizile, besserer Service, neuer Komfort im Zuhause fern von Daheim. Am besten aufgestellt sind Dresden, Leipzig und Weimar mit dem berühmten Hotel Elephant. Wer Thomas Mann gelesen hat, kennt durch die „Lotte" das traditionsreiche Hotel, ohne dort genächtigt zu haben. Eines der schönsten deutschen Hotels, in denen ich je gewohnt habe, und das gilt nicht nur für den Osten, ist das Taschenbergpalais, ein Kempinski-Hotel.

Obwohl der Spagat ganz gut gelingt, auch verwöhnte Gäste und einen anspruchsvollen Hotelbesitzer zufriedenzustellen und die Mitarbeiter zu pflegen und zu motivieren, bleiben die Belegungszahlen immer noch hinter den Erwartungen zurück. Dabei hat dieses Haus Erfolg verdient. Wir haben die Qualität erlebt: Von wegen anonymer Test im Osten. Die persönliche Begrüßung mit Namenansprache, das Eskortieren aufs Zimmer nach der Ankunft im Hotel war höchst professionell, der Welcome-Ablauf gezielt geplant. Der Hausherr hatte sich informiert, lässt sich nicht von unerwarteten Gästen überraschen. Er schaut stets am Vorabend oder zur morgendlichen Besprechung sorgfältig die Ankunftsliste durch und reagiert mit Hinweisen an sein Team. Von wichtigen Gästen, zumeist Personen des öffentlichen Lebens, lässt er Portraitfotos verteilen. Das hilft, Pannen aus Unkenntnis zu verhindern. Die Gäste werden, wo nur möglich, mit ihrem Namen angesprochen und bekommen ihre Wünsche erfüllt. So beispielsweise, als der langjährige Siemens-Chef und heutige Aufsichtsratsvorsitzender des Konzerns von Pierer anreiste. Von Pierer ist der Liebling der Hoteldirektoren, weil er so unkompliziert und liebenswert dankbar sei, sagt General Manager in't Veld. Von Pierer revanchiert sich für die Freundlichkeit mit dem Hinweis auf einen hervorragenden Service im Taschenbergpalais.

Bei einem Blindtest des Branchenmagazins „Top hotel" bekamen die Mitarbeiter ebenfalls durchweg gute Noten. Auch die *hardware* präsentiert sich heute deutlich besser als in der Anfangsphase. Den Wiederaufbau nach der entsetzlichen Flut (2002) machten sich die Verantwortlichen zu Nutze. Der einstige Kurfürstensaal wurde zeitgemäß zu einem Multifunktionssaal mit modernster Kommunikationstechnik umgewandelt, in dem, je nach Anlass jetzt bis zu 750 Personen Platz finden. Die holzgetäfelte Bar ist eine exakte Kopie der Oak Bar aus dem Plaza in New York und das Bistro mutet an wie eine aufgefrischte Brasserie Lipp in Paris. An das Hochwasser, das das Erdgeschoss damals überspülte und in eine Schlammhöhle verwandelte, erinnern nur noch winzige Handwerksmarkierungen.

Der Blick aus dem Fenstern der Zimmer mit den kathedralehohen Glaspartien zeigt, was die Besucher seit Jahrhunderten in Dresden bewundern: den Zwinger, das Halbrund der Semperoper mit dem Theaterplatz und die eindrucksvolle Fassade des Schlosses, inzwischen ganz ohne Gerüst.

Alle 214 Zimmer, davon 32 Suiten, wurden in hellen Farbtönen gestaltet, abgerundet von Ulmenholz furniertem Mobiliar. Die „Regentenzimmer" sind mit 28 Quadratmetern die kleinsten Gästeräume, die überwiegend in der vierten Etage liegen. Verschwenderisch viel Platz dagegen bietet die Kronprinzensuite mit 300 Quadratmetern und einer Deckenhöhe von 4,80 Meter.

Die Ausstattung, hier ganz im Stil des 19. Jahrhunderts, bildet einen harmonischen Einklang mit der barocken Außenfassade und dem modernen Interieur, das im Haus eine angenehme Verbindung eingeht.

Was ist noch zu verbessern im Flaggschiff der Hotellerie des Ostens? Der F&B-Bereich (Essen und Trinken) beispielsweise. Während das Frühstücksbüfett in der kompletten Zusammenstellung internationale Spitzenklasse verkörpert, sind die Gerichte im eleganten Intermezzo oder dem schönen Innenhof mit fürstlichem Ambiente noch ohne den ganz besonderen Pfiff und exzellente Aromakombinationen. Doch daran wird bei einer Qualitätsoffensive von Kempinski-Lenker Reto Wittwer bereits intensiv gearbeitet. Überzeugen Sie sich doch selber in einem der prächtigsten Hotels des Kontinents.

# Geschichte als Pferdefuß oder Attraktion?

## OBERSALZBERG, WO EINST DIE FALSCHEN GÄSTE WOHNTEN

Es gibt weltweit einige wenige dieser besonderen Hotels, die im allgemeinen Blickfeld stehen, obwohl sie nicht Bühne und Theater sind, sich nicht durch glamouröses Ambiente für glamouröse Gäste ins Rampenlicht rücken, sondern die eher verhalten im Auftritt und zurückhaltend in der Ansprache bleiben. Und doch stehen sie im Mittelpunkt und oft in der Diskussion, weil sie geschichtlich belastet oder von historischer Bedeutung sind, wie das Willard Hotel in Washington, das vom selben Bauunternehmen fertiggestellt wurde, bevor dieselben Arbeiter das Capitol erbauten. Eines der deutschen Hotels, das im Gespräch ist, weil der Standort durch die Nazis belastet, ist das InterContinental Mountain Resort, auf dem Obersalzberg bei Berchtesgaden. Es ist eines der schönsten europäischen Wellnesshotels überhaupt, aber es ist umstritten, weil

Adolf Hitler Ende der 20er Jahre dieses hochalpine Landschaftsbild für sich entdeckt hatte und zur Machtzentrale des Schreckens ausbaute. Selbst derart schöne Natur heilt kein krankes Hirn, bremst nicht kriminelle Energie. Aber während beispielsweise in Berlin an vorbelasteten Stellen seit 50 Jahren wieder gefeiert wird, soll dies am Obersalzberg in Frage gestellt werden. Das Hotel ist aber heute eine Reise wert und die traumhafte Berglandschaft mit Panoramen zum Niederknien kann ihre Unschuld nicht durch politischen Mißbrauch verlieren.

Schon die Anfahrt wird zum Erlebnis, ein Abschied von der hektischen Welt. Das Kurvengeschlängel hinauf zum Resort auf dem Obersalzberg, deutlich über 1000 Meter hoch, ist der einzige Weg in die stille Abgeschiedenheit des Nationalparks. Was erwartet mich? Hüttenromantik? Keine Spur, viel mehr hochklassige Hotelkultur. Und ist „Hitlers Home“, wie die New York Times schrieb oder der britische Independent: „HitlerConti“ etwa ein Nostalgie-Reiseziel für Unverbesserliche? Nicht mal im Ansatz. Das angegliederte Haus der Dokumentation untermauert das glatte Gegenteil. Präzise Aufklärung über die „Tödliche Utopie“ (so der Titel) und die Verbrechen der ungebetenen Gäste hier auf dem Obersalzberg. Die Diskussion um den Standort des Hotels („Darf ich bei Hitler Urlaub machen?“) sollte in eine Empfehlung umgekehrt werden. Das Ferienresort ist mit der Historie nicht nur belastet, sondern durch die Geschichte auch ins Rampenlicht geschoben. Hätte ich irgendein InterConti in den Bergen besucht? Wahrscheinlich nicht. Und Figuren aus dem braunen Sumpf, die hier Nostalgie zelebrieren wollen, gibt es keine. Die Ausrichtung ist zu klar, das Haus ist zu fein, auch zu teuer. Lange bevor die falschen Gäste kamen und gingen, hatte der Obersalzberg jährlich bereits bis zu 50 000 Touristen. 1877 war mit der Pension Moritz das erste Domizil für Sommerfrischler eröffnet worden. Keiner dieser „Konstrukteure der Hölle" hat diese Destination also entdeckt, wie fälschlich berichtet wurde. Der jüdische Historiker Dr. Andreas Nachama aus Berlin spricht sich vor allem wegen der zeitgeschichtlichen Dokumentation für das Hotel aus.

Bei meinem Besuch verlängerte gerade ein jüdischer Freundeskreis aus London den Aufenthalt. Zweimal besuchte er die erschütternde Belege einer schrecklichen Zeit. Das sei selbstverständlich, ansonsten sei das ein wunderbarer Ort, eine traumhafte Natur und ein vorzüglich geführtes Domizil, kommentierten die Gäste.

Wie gut ist das InterConti mit Deutschlands höchst gelegenem Golfplatz als Produkt und in der Bewertung der Gästepflege? Was erwartet den Gast nun in diesem aktuellsten Haus der Gruppe? Der Direktor Jörg Böckeler, souverän durch gesammelte Erfahrung im Savoy London, Taschenbergpalais etc., hat in kurzer Zeit viel bewegt. Erstklassig ist bereits der Bereich Gastronomie, die Weinpflege mustergültig, die Küche von Ulrich Heimann ein Genuss. Böckeler selbst ist vom „Early Bird"-Frühstück bis zum späten Dinner im Le Ciel ständig im Hotel unterwegs. Das garantiert permanente Qualitätskontrolle. Natürlich ist das eine oder andere verbesserungswürdig, aber zeigen Sie mir ein Hotel, wo das nicht der Fall ist? Außergewöhnlich positiv ist freilich ungleich mehr, das Frühstücksbüfett im Restaurant oder auf der Terrasse beispielsweise, mit der spektakulären Glasfront gibt es zu jeder Tageszeit einen grandiosen Blick auf die Bergwelt rund um den Watzmann. Was im ganzen Haus auffällt, ist die Lichtgestaltung als Design. Im À-la-carte-Restaurant Le Ciel entsteht dadurch eine besonders intime Atmosphäre. Da ordnet sich die schlichte Eleganz der Einrichtung unter. Die Vinothek inszeniert sich durch einen leuchtenden weinroten Glaskubus, in dem die edlen Rotweine wie Petrus, Mouton Rothschild gelagert sind. Ein herrlicher Rahmen, der Genießer zu stillen Weinproben animiert. Kirschholzmöbel und mediterrane Küchenelemente setzen behutsam Akzente. Angenehm: das Check-in wird entspannt im Sitzen an einem modern interpretierten Bauerntisch geregelt.

# Ein Club der Besten

## DIE SELEKTION DER DEUTSCHEN LUXUSHOTELS ALS AUSHÄNGESCHILD

In welchem Hotel ich in Deutschland am liebsten einchecke? Wo ich nachts ungestört schlafe und mich tagsüber angenehm umhegt fühle? Die Frage wird mir häufig gestellt. Vor allem von Vielreisenden, die einen Großteil ihrer Zeit in fremden Betten verbringen. Wenn ich einmal die Fraktion der reinen Feriendomizile wie Bareiss, Traube, Heiligendamm oder die Althoff-Schlösser Bensberg und Lerbach außen vor lasse, ist die Antwort unkompliziert: die Hotels der Selektion deutscher Luxushotels.

Unterschiedlich sind die Konzepte und Ausrichtungen der einzelnen Mitgliedshäuser. Die Gemeinsamkeiten, die sie verbindet, ist der hohe Anspruch, dem Gast individuellen Service zu garantieren. Die Vereinigung der außergewöhnlichen Hotels in der Selektion bekommt einen immer größeren Stellenwert, weil in aller Welt einfache Domizile und preiswerte Kettenhäuser auf dem Vormarsch sind. Ein paar persönliche Eindrücke: Die weiße Fassade des Grandhotels Vier Jahreszeiten an der Hamburger Binnenalster leuchtet in der Morgensonne. Am Empfang und in der Lobby herrscht bereits Hochbetrieb. Eine Gruppe skandinavischer Kaufleute checkt ein. Einige Individualreisende begleichen die Rechnung. Das Traditionshotel, das längst zur Legende geworden ist, boomt wieder.

Zur gleichen Zeit berät der Empfangschef im Nassauer Hof amerikanische Gäste auf der Suche nach den schönsten Zielen während ihrer Deutschland-Rundreise. Heinrich empfiehlt unter anderem Brenner's Park-Hotel in Baden-Baden und das Mandarin Oriental in München. Derartige Marketinghilfen für die Kollegen in anderen Städten wurden vor neunzehn Jahren vereinbart. Hoteldirektor und Sprecher der Selektion ist Karl Nüser. Im Nassauer Hof, Wiesbaden, laufen automatisch die Daten aller Hotels pro Monat auf, aus denen die benötigten Informationslisten erstellt und gemeinsame Aktionen gestartet werden.

Als weitere wichtige Punkte in der Zusammenarbeit gelten der Kollegenaustausch und schnelle Hilfen untereinander in schwierigen Situationen. Der Gast hat den Vorteil, was meine Rundreise zu den einzelnen Häusern beweist.

*Parkhotel Bremen*
Kaum ein anderes Hotel in Deutschland hat eine so außergewöhnlich schöne Lage wie das Parkhotel im Bremer Bürgerpark und kein anderes ist darüber hinaus eine solche Luftschönheit. In der Mitte des Sees sprudelt eine Fontäne, dahinter wirkt das weiße Haus mit der Dachkuppel wie ein fürstlicher Landsitz.

Auch vom ersten Eindruck einmal abgesehen, zählt Bremens erste Adresse zu den angenehmsten im Lande. Die Innenausstattung ist ebenso beeindruckend wie die Außenoptik. In der Lobbylounge ist Old England eingefangen, kultivierte Clubatmosphäre, gemütliche holzverkleidete Ecken, Kristalllüster und herbstliche Farben. Zur klassischen Musik werden Cocktails oder Tee nach Bremer Rezept serviert. Individuell eingerichtete 138 Zimmer und 12 Suiten.
*Raffles Vier Jahreszeiten Hamburg*
Luxus wird im Hamburger Raffles Hotel Vier Jahreszeiten nicht durch Protz und Prunk präsentiert, sondern durch eine Vielzahl von Details, die sich zu einem edlen Mosaik zusammenfügen. Besonders wertvolle Wäsche, Blumenschmuck, feinstes Geschirr, kostbare Kunstwerke in den Zimmern und Fluren. Kernpunkte der Marketingphilosophie: Es ist nun einmal undenkbar, den Anspruch eines First-Class-Hotels zu erheben und dann in den Waschräumen Papierhandtücher anzubieten. Der Begriff „Lu-

xus-Service“ schließe aus, dem Gast zuzumuten, sich sein Eis auf der Etage selbst zu holen und eine Schuhputzmaschine benutzen zu müssen. Großartig auch das Amrita Spa mit asiatischer Atmosphäre.

Das Haerlin mit Gourmetküche, der edel rustikale Grill und das asiatische Doc Chen's, in dem sich der Gast wie im Ur-Raffles fühlt, sind die Genussofferten (126 Zimmer und 30 Suiten, teilweise mit herrlichem Blick auf die Binnenalster).

*Excelsior Hotel Ernst*

In der Kölner Lebensart ist Tradition ein ganz, ganz bedeutendes Element. So sind die Rheinländer stolz auf das feine alte Excelsior Hotel Ernst, von dessen großen Fenstern aus einst Kaiser Wilhelm I. die Feier zur Vollendung des Kölner Doms erlebte. Tradition ist auch, dass seit der Eröffnung des Grandhotels die Ehrengäste in der Rhein-Metropole, ob nun Robert Kennedy, der Fürst von Monaco, der Schah oder Herbert von Karajan, allzeit hier wohnten. Modernisiert wird ständig, wie in der Hanse Stube, dem Gourmetrestaurant. Der mahagonigetäfelte Raum ist heute hell und freundlich und ebenso angenehm ist die einst so schwere Küche jetzt köstlich leicht ausgerichtet. Die Fassade erstrahlt in neuem Glanz. Nach mehrfachem Wechsel des Direktors ist die in der Schweiz ansässige Besitzerfamilie auch beim Service in die Erfolgsspur zurückgekehrt. Der Garant dafür heißt Wilhelm Luxem, der im Brenner's Park Erfahrungen sammelte und unter anderem einige Ferienhotels der Spitzenklasse führte (121 Zimmer und 31 Suiten).

*Nassauer Hof in Wiesbaden*

„Es ist jedes Mal wie nach Hause zu kommen", sagte der Dalai-Lama beim Einchecken im Nassauer Hof in Wiesbaden. Der Mann, der Luxus leise und selbstverständlich genießt, schätzt den „selbstverständlichen" Komfort so wie die nicht aufgesetzte natürliche Servicebereitschaft. Der Dalai-Lama war bereits zum sechsten Mal im „besten Hotel Frankfurts", wie Geschäftsleute mit Augenzwinkern zu sagen pflegen.

Das Haus mit dem exzellenten Medical Spa und großzügigem Pool über den Dächern existiert historisch belegt seit mehr als 175 Jahren, ein unregistriertes Jubiläum. Die 169 Zimmer und 30 Suiten sind dem Anspruch an ein Luxushotel gemäß repräsentativ (mit Stilschreibtisch und Salonecke), vor allem aber gemütlich ausgestattet. Für Aufmerksamkeit in der Öffentlichkeit sorgen die außergewöhnlichen Restaurants wie die Ente (25-mal Michelin-Sterne) und die Orangerie, die das Grandhotel zum Gourmetmekka werden ließen.

*Brenner's Park-Hotel & Spa*

Vielreisende suchen ihre Bleibe unterwegs gezielt danach aus, wo sie die berufliche Belastung durch Wellness- und Badespaß ausgleichen können. Ganz typisch für diese Kategorie ist Brenner's Park-Hotel in Baden-Baden. Stil und Eleganz sind von der Zeit geprägt, aber modern in der Ausrichtung. Eine perfekte Bäderabteilung und komplette Genusspakete sollen den Aufenthalt attraktiv machen. Der Concierge regelt alle Sportwünsche im Flaggschiff der Dr. Oetker Hotels (68 Zimmer und 32 Suiten).

*Mandarin Oriental Munich*

Der Ausblick von der Dachterrasse des Münchener Mandarin Oriental Hotels wirkt wie ein Prachtbild bayerischer Lüftlmalerei. Hinter den Sträuchern mit winzigen weihnachtlichen Lämpchen und dem verwaisten Pool überragen die Türme der St. Anna-, der Johannes- und der Lucas-Kirche sowie das Maximilianeum die prächtige Optik der roten Ziegeldächer. Das feinste Münchener Hotel (auch mit den höchsten Zimmerpreisen) ist in einem weißen Palais eingerichtet, das schon 1880 zu den ersten Adressen dieser Stadt gehörte, damals noch als Ballhaus.

An der Qualität des Restaurants, einst die besondere Liebe des Gründers Georg Rafael, wird zur Zeit gefeilt. Der kulinarische Erfolg zeichnet sich ab. Kein Wunder, dass es für Direktor Andreas Ziemer eine Freude ist, das wunderbare Haus zu führen. Das spürt man als Gast (73 Zimmer und Appartements).

# Wie Hemingway auf Key West

## IN DEN HOTELS IST GÄSTESERVICE EIN FREMDWORT

War Hemingway nun dunkelhäutig und baumlang oder ein Weißer, mittelgroß mit *moustache* (später mit grauem Bart)? Ende der heiteren zwanziger Jahre, als man Ernest Hemingways Werke zwar schon gelesen haben musste, hatten die meisten aber keine Ahnung, wie das Genie tatsächlich aussieht. Damals konnte man von Fernsehpräsenz nicht mal träumen. Also läuteten viele an der Tür des Hemingway-Domizils, eines efeuumrankten Hauses auf Key West an der südlichsten Spitze Floridas, um ihn zu sehen. Ein zwei Meter großer Afroamerikaner, schwarz wie Mokka, öffnete die Tür und stellte sich den staunenden Besuchern vor: „Hemingway – was kann ich für Sie tun?" Den häufigsten Wünschen, ein Buch zu signieren, kam er sofort nach. Der wahre Ernest Hemingway hatte dafür mit seinem *double* stundenlang geübt, bis der Schriftzug saß. Und das nur, um selber Ruhe zu haben und sich ungestört seiner zweiten Frau Pauline widmen zu können.

Auf seinen zahllosen Reisen hatte der Bestsellerautor viele Lebens-Zwischenstationen, die wir aus seinen Romanen und Erzählungen kennen: Chicago und Michigan, Mailand, Paris, Galicien, Tansania, Kuba und schließlich der Westen der USA, Montana und Wyoming.

Mit Key West aber ist die Verbindung unvergleichlich eng, pflegt das Städtchen auf den Keys seine Attraktivität mehrheitlich mit Erinnerungen und Andenken an Hemingways Aufenthalt. Schon damals hatte die Insel, wo Amerika in die Karibik tröpfelt, kein einziges vernünftiges Hotel, darum wohnte er im Haus White Head Street 907. Es ist das Besucherziel der Keys, auf der jedes Jahr während des Hemingway-Festivals im Juli ein Doppelgängerwettbewerb stattfindet. Ich habe es erlebt: Vollbärtige Männer ziehen in der subtropischen Sommerhitze wie ihr Held dicke Wollpullover an und versammeln sich in der feuchten Hitze der „Sloppy Joe“-Bar, um zu entscheiden, wer ihm am ähnlichsten sieht.

Die angesprochene Hotelmisere auf dem „Hemingway-Island“ hat sich bis heute nicht verbessert, die Domizile sind armselig, das „Hyatt“ ist noch das beste. Ich folge der Anzeige „Grand Key Resort“, Key Wests luxuriöses Resort, Roosevelt Boulevard. Tatsächlich war das eine ebenfalls mehr als bescheidene Unterkunft. Nächster Versuch in einem Hotel am Strand: Mein Zimmer mit Ventilator an der Decke ist mit Rattanmöbeln eingerichtet wie zur Zeit des großen Fabulierers. Alles wirkt abgewohnt und schmuddelig. Im Restaurant klebt das Glas an der Wachstischdecke fest. Unzufrieden mit der Sauberkeit – da zeigt der Kellner auf einen Eimer mit Putzlappen: Machen Sie es doch selber. Hier spürt man nichts vom einstigen Servicevorbild USA.

Viele, die das ebenso sehen, wählen ein Bett am Sandstrand. Ein leichter Passatwind macht hier die Hitze erträglich. Über mattgrünen und tintenblauen Wellen fliegen Reiher, kreisen Fregattvögel. Fünf kräftige, buntschillernde Forellen beißen an. Ein Bett unterm Sternenzelt und ein flüchtiger Gedanke: Schriftsteller – Schreiberlinge, wie es oft heißt – führen ein Hundeleben. Aber es ist das einzige Leben, das sich lohnt. Eine recht gute Umschreibung, die Hemingway fand, für das, was man empfindet, wenn man den Arbeitstag damit verbringt, Wörter auf Papier zu schreiben. Manchmal wird man mit einem guten Satz belohnt oder besser: mit dem, was man selbst für einen guten Satz hält. Es sagt einem ja keiner.

Floridas Keys sind der perfekte Rahmen für eine produktive Phase, weil Friede fühlbar wird. Ein paar Krümel im Meer weiter nördlich besuche ich das Bilderbuch-Key, das von den Lodge-Besitzern in Handarbeit komplett ausgebaut wurde. Palm Island: vierzehn Bungalows, ein kleiner Strand, ein Restaurant und zweihundertfünfzig besonders hohe, schlanke Jamaika-Palmen, das ist alles. Das Inselgefühl ist besonders ausgeprägt. Der feste Umriss, die klare Begrenzung durch das Ufer, dazwischen das Wasser, das schafft die Trennung, die den Alltag aussperrt.

# Menschen machen Luxus

## VOM DIENEN UND BEDIENEN IM BRENNER'S

Ich erlebe, genieße und schmunzele manchmal. Der Alltag im Grandhotel ist ein programmierter Wahnsinnsmarathon für das Personal. Die Serviceanstrengungen mit Herzlichkeit und handwerklicher Fertigkeit pflegen erstens die Stammklientel und zweitens die Gäste, die noch überzeugt werden müssen. Diese kleinen Erfolgsgeschichten, die sich täglich wiederholen, sind aus der Sicht des Mitarbeiterteams (vom Generaldirektor bis zum Pagen) noch nie aufgeschrieben worden. Bisher. In Baden-Baden wurde die literarische Lücke in der sonst überfüllten Branchenbibliothek geschlossen.

Chronik und Fibel zugleich ist der bebilderte Band mit der Historie von Brenner's Park-Hotel, in dem einmal die Mitarbeiter während der 133-jährigen Geschichte des Leading Hotels im Mittelpunkt stehen. Titel: „Vom Dienen und

Bedienen". Brenner's Park-Hotel im Weltbad Baden-Baden ist nach 133 Jahren Hotelgeschichte (erste Nennung am 21. Oktober 1872) fraglos zu einer Legende geworden, aber alles andere als ein Museum. Stil und Eleganz sind von der Zeit geprägt, doch das Leading Hotel of the World (ebenso Selektion Deutscher Luxushotels) gibt sich absolut modern in der Ausrichtung, hat nach der Übernahme durch den Geschäftsführenden Direktor Frank Marrenbach an Frische und Produktqualität gewonnen. Aktuelle Grandhotels pflegen ganz allgemein den Schönheits- und Fitnesstrend, bieten Sport und Gesundheitsprogramme, während sich der Gast im Hause wohl fühlt.

Eine perfekte Bäderabteilung mit Massage und kompletten Ausgleichprogrammen ebenfalls als sinnvolle Ergänzung medizinischer Therapien entsprechen den Wünschen der Gäste, ist eine Säule wie herausragendes Essen und Trinken (F&B). Zwei Schwerpunkte in der modernen Interpretation der Brenner's-Philosophie.

Die Geschichte des Hotels von den Wurzeln (das Badehaus „Stephanie les bains") bis heute wurde jetzt zu einer Chronik in Buchform zusammengetragen. Der Titel „Vom Dienen und Bedienen". Der Untertitel „Ein Grandhotel und seine Mitarbeiter" zeigt die Zielrichtung: Der Erfolg des Traditionsdomizils ist untrennbar verbunden mit den Menschen, die vor und hinter den Kulissen ihren Dienst am Gast erbringen. Auf die Frage, was der größte Luxus im Hotel sei, antwortete Marrenbach: Luxus habe wenig zu tun mit Kronleuchtern, Gänseleber oder Mouton-Rothschild, sondern mit den Mitarbeitern, die sehr lange im Haus sind: „Der Chefportier beispielsweise ist Jahrzehnte im Hotel und kennt manche Stammgäste noch in kurzen Hosen." Herausgestellt werden die Mitarbeiter, die als Persönlichkeiten nicht „wie dressierte Äffchen" nachplappern, was ihnen der interne Leitfaden vorgibt. Gegen Servicestandards sei nichts einzuwenden, doch in manchen Ketten wirke das Verhalten der Mitarbeiter einstudiert.

Einen angemessenen Raum im umfassenden Handbuch (256 Seiten) bekam Marrenbachs Vorgänger Richard Schmitz, der dreiunddreißig Jahre lang das Hotel geführt hat. Der blieb stets höflich, auch bei den verrücktesten Fragen: „Is the Black Forest open today?", wollte ein amerikanischer Gast wissen und hatte wohl die Vorstellung, dass der Schwarzwald das deutsche Disneyland sei. Schmitz erklärte geduldig und wie immer ohne Überheblichkeit.

Zurück zu den Erinnerungen in diesem Tagebuch des Hotellebens. Die Zeiten änderten sich ständig. Die Gäste, die mehr noch als das Ambiente für die Atmosphäre im Haus sorgen, waren und blieben vornehm: Kaiser und Königinnen, Zaren und Fürsten, Sultane und Maharadschas, Präsidenten und Marschälle haben hier seit der Eröffnung gewohnt. Die Rothschilds und Thyssens, Niarchos', Fords, Guggenheims und Vanderbilts gingen ein und aus, auch Mary Pickford, Irving Berlin, Franz Lehár, Carl Sternheim und Gerhart Hauptmann ebenso.

Zu den guten Gästen im nächsten Akt, den 60er und 70er Jahren, gehörten der europäische Adel, die Größen des damals boomenden Filmgeschäfts, später wohlsituierte Amerikaner und Scheichs. Viele plausible Gründe gab es für das Ausbleiben oder Aussterben der einen oder anderen Zielgruppe, und heute muss mit mühevollen Marketinganstrengungen in kleinen Schrittchen ein ordentliches Ergebnis angestrebt werden. Die großen Probleme des Marktes auf kleinem Spielfeld. Das Servicecredo blieb stets aktuell: „Die Zufriedenheit unseres Gastes ist oberstes Gebot", so Marrenbach. Damit das auch in Zukunft so bleibt, kümmert sich der selber noch jugendliche Chef besonders um den Nachwuchs in der gehobenen Gastronomie und Hotellerie. Heute und Morgen. Damit es nicht immer heißt: Damals waren die Mitarbeiter doch viel besser.

# Genuss an wilder Steilküste

## VOM CHARME DER VILA JOYA

Auch bei behutsamem Umgang mit Zitaten drängt sich die Orson-Welles-Erkenntnis auf, wenn man die Vila Joya einordnen will: „In diesen kollektivistischen Zeiten, so individualistisch wie möglich zu leben, ist der einzige Luxus, den es noch gibt." So privat wie ein mit persönlicher Liebe und großen materiellen Möglichkeiten ausgestattetes Herrenhaus und dabei so gästeorientert wie in einer Hotelschulenfibel geschildert, präsentiert sich das wunderschöne Boutiquehotel an der Algarve. Schon der Rahmen, die zauberhafte Strandregion der Algarve mit 3000 Sonnenstunden pro Jahr, ist angemessen. Nur sechs Kilometer westlich vom lebendigen Touristenzentrum Albufeira thront das romantische Domizil über dem Saum des Meeres an der Praia de Galé. Ein privates Luxusrefugium mit maurischen Stilelementen, mit elegantem, aber nicht überkandideltem Ambiente und der in dieser Region unübertroffenen 2-Sterneküche, die Galadinner zelebriert, untermalt von ausgesuchter Musik. Schubert zum pochierten Rinderfilet in Gemüsevinaigrette, Bach zum Rocamadour mit Trüffelöl und Kräutersalat, Vivaldi zum Rehrücken in der Brotkruste und Beethoven als Untermalung für den St. Petersfisch mit gebackener Zucchiniblüte. Wo bekommen Sie das sonst?

Der Maître geleitet uns durch die elegante Eingangshalle mit geschwungener Treppe zu den fast märchenhaft ausgestatteten Suiten. Das sehenswerte Deckengewölbe zieren rote Ziegelsteine. Hinter der Empfangshalle lädt die gemütliche Kaminlobby mit den rotbraunen portugiesischen Fliesen ein. Ausstattung und Eleganz sind selbstverständlich, nicht dominant wie die Zwanglosigkeit: Zuhause bei Freunden (die sich freilich den Aufenthalt gut bezahlen lassen). Bei nur zwölf Zimmern und fünf Suiten, alle mit dem freien Blick aufs Meer, ist die Klasse des Hauses nur zu halten, wenn ein extrem engagierter Betreiber nicht jeden Tag auf Profit schielen muss. Gästeglück und Mitarbeiter-Zufriedenheit sind eine parallel verlaufende Entwicklung. Ein Großteil des Vila-Joya-Teams arbeitet schon weit über zehn Jahre im Haus. Erschaffen wurde das individuelle Boutiquehotel vom Münchener Ehepaar Claudia und Klaus Jung, die das Anwesen 1978 erwarben und in fünf Jahren ausbauten und einrichteten. Heute ist die Tochter Joy die Hotelmanagerin, wohl eine der jüngsten Direktoren auf der Iberischen Halbinsel.

Eine Paradesuite präsentiert nahezu jedes Hotel. Die Suiten 1001 und 2001 in der Vila Joya gehören gewiss zu den Top Ten der weltweiten Ferienindustrie, dabei aber fair kalkuliert.

Der sonnendurchflutete Garten mit Palmen, Zypressen und Agaven lädt zum Spazieren oder Verweilen ein, die hellen Dünen des Strandes präsentieren die portugiesische Algarve von ihrer herrlichsten Seite und die bevorzugte Lage zwischen den beliebtesten Golfplätzen Portugals verhelfen zu vollkommener Erholung in perfekter Umgebung. Die Vila Joya, ein Garten Eden naturbelassener Schönheit, in dem selbst das Unmögliche für Sie möglich gemacht wird. „Eine Perle in der Auster“, heißt es in der blumigen Sprache der Werbetexter im Hochglanzprospekt. Schöner finde ich die Übersetzung des Namens, Vila Joya heißt soviel wie „Schmuckkästchen“. Das kommt dem orientalischen Palazzo am Atlantik näher. In einer Schmuckschatulle werden eben Kostbarkeiten und wertvolle Pretiosen aufbewahrt. Ein solches Kleinod abseits der üblichen Hotelerfahrung verbirgt sich tatsächlich hinter diesem Namen.

# Ein Leguan als Maskottchen

## WO DIE NATUR DER HÖCHSTE LUXUS IST

„Hallo, Mister Heinz“, säuselt Jeannette und serviert geeisten Mangosaft. Sie lächelt dabei mit einer Anmut, die für Europäer so faszinierend ist. Es gehört zur Philosophie des Hotels „Amanpulo“, allen Gästen das Gefühl zu geben, besonders wichtig und willkommen zu sein. „Mabuhay and a warm welcome“.

Der Abend kommt. Sonnenuntergänge sind an vielen schönen Plätzen des Tages Krönung. Auf Pamalican, in der totalen Stille mit einem Glas Champagner zu sitzen, zu erleben wie die Palmen zu Scherenschnitten werden und die Sonne in Kodak-Farben verglüht, ist so ungewöhnlich, weil in der Abendstille nicht einmal mehr die kanariengelben Vögel zu hören sind. Nur aus der Bar erklingen leise romantische Harfentöne, die der Wind zum Strand herüberträgt. Titel der Melodie: „Peaceful Journey“. Ein Motorboot ganz in der Ferne wirkt schon störend. Die Frage drängt sich auf: Wie kann man es da nur in lauten Feriengebieten aushalten? Himmlische Stille, fühlbarer Friede sind konzeptionell planbar. Funktioneller Komfort und eine brillante Natur, die noch nicht befingert und verformt ist, dazu intensiver Service, ohne dass der Gast sich bedrängt fühlt, das sind die entscheidenden Kriterien für die Bewertung eines luxuriösen Ferienhotels. Goldene Klosettbrillen, Eselsmilchbäder, Champagnerduschen und riesige Suiten, in denen man sich verläuft, haben wenig mit Urlaubsdomizilen der Luxusklasse zu tun.

In der Nacht hatte es geregnet, besser gesagt, wie aus Kübeln geschüttet. Dicke Tropfen hämmerten so lauf aufs Dach, als träfen sie das Kopfkissen. Schlussakkord der Regenzeit, die mit dem Oktober zu Ende geht. Die winzige Insel Pamalican, dünn und lang wie eine Haarnadel in der türkisfarbenen Lagune, wirkt am nächsten Morgen frisch geduscht. Die Sonne hat die letzten Wolkenfetzen weggebrannt und die Temperatur auf die üblichen 30 Grad gebracht.

Mein „Hausleguan", der jeden Morgen aus dem Buschwerk hinter dem Strand kommt, um ein kleines Frühstück abzustauben, döst auf seinem Lieblingsplatz, der untersten Steinstufe zur Terrasse, und genießt die Wärme. Ich nenne ihn Pulo. Warum? Nun, weil dieses Resort Amanpulo heißt (Insel des Friedens) und er wahrscheinlich schon hier lebte, bevor die einstöckigen *casitas* mit den flachen, roten Ziegeldächern an den Strand oder auf Stelzen an den Berghang gebaut wurden. Auch nach Fertigstellung der vierzig weiträumig auf der Insel verstreuten Gästehäuser und des Hotelzentrums rund um die Poollandschaft ist die Philippinen-Insel immer noch ein Platz der Besinnung in einer grellen, lauten Zeit. Selbst der Wind bewegt die Palmenwipfel ein bisschen behutsamer als anderswo und das Spiel der Wellen bleibt hinter dem schützenden Korallenriff nahezu geräuschlos.

Nichts stört, kein anderer Mensch ist zur frühen Stunde am Strand zu sehen. Der Sand ist fein und weiß wie Mehl, die Konturen und Ränder scheinen mit einer Prise Koriander getönt. Es ist ein Morgen wie zu Beginn der Schöpfungsgeschichte, lange bevor sich Menschen aufmachten, die Natur nach ihren Vorstellungen zu verwandeln und zu entstellen.

Das klare, saubere Wasser wirkt unberührt. Lichtes Türkis wechselt vom Ufer weg hinaus zur Sulu-See ins Tintenblau. Rundum erheben sich kleine und kleinste Inseln aus dem Meer. Manila ist die Stadt, wo jede Philippinen-Reise beginnt. Die Metropole scheint allerdings kaum mehr als ein Transitort. Das Zentrum hat wenig Schönheit und Ausstrahlung, ist arm an städtebaulichen Attraktionen und erstickt Tag für Tag im Verkehrschaos. Ein paar alte Kästen aus der Zeit der spanischen Kolonialherrschaft, zwei guterhaltene Kathedralen, viel mehr findet der suchende Tourist wohl nicht.

Nur das außergewöhnliche Hotel Peninsula, immer wieder renoviert, lohnt den Aufenthalt. Auf der Empore der riesigen, hohen Hotelhalle lassen Musiker in weißen Uniformen täglich zum Afternoon-Tea die Donauwellen im Dreivierteltakt rollen. Der Service ist vergleichbar mit dem des gleichnamigen Schwesterhotels in Hongkong oder Kurt Wachtveitls Legende Oriental in Bangkok. Adrian Zecha, der Indonesier, der mit dem Amanpuri im Phuket (Thailand) den Aufbau der Aman-Resorts an den schönsten Plätzen Asiens begann, bekam die Philippinen-Insel von einer der wohlhabendsten Familien Manilas angeboten. Er ließ die Gästehäuser nach bewährtem Muster mit schönen, geräumigen Bädern und erstklassigen Holzarbeiten ausstaffieren. Eine großzügige Terrasse und ein Sonnendomizil am Strand gehören dazu, wobei alle Liegen, Sonnenschirme und Möbel ausschließlich in edlem Naturweiß gehalten sind.

Die Exklusivität des Resorts zeigt sich nicht mit Glamour und schicken Abendgesellschaften, wie sie die Gäste im Amanpuri pflegen, sondern in der völlig natürlichen und unverkrampften Naturverbundenheit. Kilometerweite Einsamkeit hat hier einen höheren Stellenwert als Schick und Unterhaltung.

# Krank hin, gesund zurück

## FÜNF-STERNE-PLUS-HOSPITALITY IN EINER KLINIK

An den Wochenenden sind die wenigen, elegant eingedeckten Tische im kleinen holzgetäfelten Restaurant Padua im Handumdrehen ausgebucht. Das Ambiente zu Füßen der nackten Grazien in Öl als Wandschmuck ist gepflegt, die Küche ausgezeichnet. Zufriedenheit schafft gute Stimmung. Das gilt auch für zwei größere Restaurants gleich nebenan. Der Küchenchef (Peter Stang) und der Inspirator, ein Zwei-Sterne-Koch (Rolf Schmidt), beide für den Genuss zuständig, arbeiten wie aus einem Guss und haben, was die Gemeinsamkeit optisch herausstellt, die gleiche Haarpracht im Gesicht, gezwirbelte Kaiser-Schnäuzer, Wilhelm der Imperator als Vorbild.

Der Blick aus dem Fenster stärkt das Hochgefühl. Hinter alten, hohen Bäumen leuchtet Wasser, der stille Tegernsee.

Die frisch geangelte Renke wird goldbraun in Butter gebraten mit Röstkartoffeln serviert. Dazu ein gelungenes Mosaik von Salaten und Wildkräutern, zwei Dressings separat. Keine Schischi-Küche aber handwerklich gut gemacht. Am Nebentisch wird ein Klassiker angerichtet, ein Filet vom Wagyu-Rind (gleiche Familie wie das sündhaft teure Kobe) mit einer Cognac-Sauce und frischem grünem Pfeffer. Zwei Blitzlichter auf eine sehr gute À-la-carte-Küche zu fairen Preisen. Wo wir dieses Dreigestirn mit Produkten, duftendem Holzambiente, liebenswertem Service gefunden haben? Dreimal dürfen Sie raten. Eine optische Hilfe: Giebelgebäude mit Geranienbalkonen im weitläufigen Park am Ufer des Sees, großer Wellnessbereich, kiefernholzverkleidete Lobby und nach Gemütlichkeit duftende offene Kamine in allen Räumen. Also, wo sind wir? Sonnenalp, Traube Tonbach, Bareiss? Sorry, dreimal Fehlanzeige. Ich genieße in einer Klinik. Sie haben richtig gelesen, Klinik, im Medical Park St. Hubertus (Schutzpatron der Jäger) in Bad Wiessee.

Supersportler wie Connaisseure sagen „unisono", es wäre die ungewöhnlichste und angenehmste Reha-Klinik im Lande. Auch wenn wir es einmal differenzierter, kritischer sehen, wo sonst in einem medizinischen Domizil steht ein Sternekoch in der Küche, gibt es Clublounges wie in Tophotels und ein Frühstück als Roomservice mit frischen Früchten bis Parmaschinken, knusprigen Semmeln und das mit Ritz-Carlton-Service.

Medizin-Tourismus ist *in.* Krank hin, gesund zurück und dazwischen wohl fühlen. Gepäckträger und Professoren, Direktoren und Doktoren, Therapeuten und Servicekräfte arbeiten tatsächlich zusammen, wenn es darum geht, Patienten als Gäste zu verarzten und verwöhnen (auch ungewöhnlich).

Nicht nur gute Medizin, auch Genuss hilft heilen. Nur ganz am Rande: Wie erfolgreich der medizinische Bereich ist, erzählen Ihnen Supersportler wie unsere Ski-Asse, Diskus-Held Lars Riedl, Anna Kurnikowa, Jan Ullrich oder Michael Schumacher, die alle Verletzungen hier kurierten.

Viel Beifall für ein ungewöhnliches Projekt. Und der Pferdefuß dabei? Wer privat bezahlen muss, darf kräftig in die Tasche greifen. Ansonsten gibt's nichts zu meckern (ist mir fast schon peinlich).

Ich hatte mir meine quälende „Sportlerhüfte" austauschen lassen (bei Heinz Röttinger in München, dem Mann, den man den weltbesten Spezialisten auf diesem Gebiet nennt). Nach einer Woche ging's nach Bad Wiessee, mit dem „In-drei-Wochen-Total-Fit-Programm". Dass das funktionierte, ohne dass Sehnsucht nach Köstlichkeiten aus Gourmettempeln aufkam, sagt vieles über ein ungewöhnliches Domizil.

Die Zimmer sind mit verstellbaren Betten, Ohrensessel und großzügigem Arbeitsbereich wie ordentliche Hotelzimmer in der Fünf-Sterne-Kategorie eingerichtet. Die meisten haben Balkone mit Liegen und das, was die Amerikaner *a room with a view* nennen, eine herrliche Aussicht. Auf der Zeile entlang dem Ufer zeichnen sich am Morgen, wenn das blass-silberne Licht die Bäume wie mit schwarzer Tusche einfärbt, die Tannenhügel ab. Ein Bild wie bayerische Lüftlmalerei. Und das gibt es ohne Rechnung dazu.

# Fensterln in Kirchturmhöhe

## DER KLIMMZUG MIT DEN BAUMHOTELS

„Franzi, darf ich Sie einladen, im BH-Hotel als Erste die Sonne aufgehen zu sehen?" Die Antwort war heftiger als eine Ohrfeige: „Dümmliche Anmache", erklärte Franzi und unterstrich mit einem kurzen Blick am Pullover entlang, dass sie ein solch erlesenes Stützwerk nicht mal trägt.

Tatsächlich war da nichts mit Anmache oder Anspielung. Die Einladung gilt und bedient sich dem offiziellen Namen: BH-Hotel steht für deutsches Baumhotel. Fünf individuelle Häuschen aus Robinienholz in den Wipfeln erwarten die Gäste im Abenteuer-Freizeitpark Einsiedel in der Nähe von Görlitz. Eigenwillige Romantik ist im Übernachtungspreis von 160 bis 220 Euro pro Person ebenso inbegriffen wie das Frühstück in der „Feuerschenke". Und richtig ist auch, wer in den mehr als zehn Meter hohen Kronen der

Bäume träumt, teilt das Privileg zu den Ersten zu gehören, die in Deutschland die Sonne aufgehen sehen.

Ein riesiger Kran wuchtete die am Boden vorgefertigten Unterkünfte mit großzügiger Bettwiese in die Wipfel. Jede Einheit ist immerhin sieben Tonnen schwer. Eingehüllt von schützendem Astwerk sind die Hotelzimmer in luftiger Höhe durch rustikale Stege verbunden. Ein Kletterpfad führt nach oben und wer schnellen Bodenkontakt sucht, kann durch den Notausgang, gemeint ist eine Rutschröhre, nach unten gleiten.

Wir hoch oben, ihr da unten, Übernachten in Baumhotels. Das erste Mal erlebte ich diesen besonderen Blick aus luftigen Betten in Kirchturmhöhe im Hana Iti, dem vielleicht ersten Baumhotel weltweit auf Tahiti. Es war ein naturbelassenes Ferienresort mit ganz natürlichem Übungsprogramm für körperliche Fitness von morgens bis abends. Drum herum dicht der Dschungel von Huahine gegenüber dem Mythos Bora Bora. Die letzten fünfzehn Klimmzüge machten die Gäste im Hana Iti vor dem Schlafengehen. Gezwungenermaßen, weil es nicht anders geht. O. k., eine Alternative wäre ein abendlicher Gewaltmarsch durch den Regenwald, immer bergauf über Geröll und Felswand, um von oben in die Baumkronen einsteigen zu können. Da ziehen es doch alle vor, nach dem Barbesuch auf der

Ladefläche eines unbequemen Geländewagens an der hölzernen Haltestange wie an einem Turngerät zu hängen und sich von einem rennbegeisterten Polynesier in Rodeo-Sturmfahrt zu den Apartments hochbringen zu lassen. Was in jedem Fall den Alkoholkonsum zuvor wohlweislich begrenzt.

Oberhalb eines natürlichen Pools, klar wie ein Bergsee, war ein Trimmpfad auf Steinplatten und Felsplateaus in den Berg gezimmert. Auch Gäste mit guter Fitness tasteten sich zuerst behutsam hoch, zum Schluss hasteten sie den Berg hinauf, kletterten, hangelten, sprangen, bewältigten die natürlichen Hindernisse. Am Ziel hatte man einen großartigen Überblick auf die Dschungelpaläste, die aus dieser Perspektive wie Vogelnester wirken und die Natur nie stören. Polynesierinnen im Pareo mit Blütenkrone auf dem Haar reichten vor der nächsten Übung eisgekühlte Kokosmilch zur Erfrischung. Geschlungene Hanfseile wurden wie in Tarzan-Filmen zum Schwingen von Baum zu Baum genutzt.

Leider wurde dieses Hotel in höchsten Höhen von einem Hurrikan weggepustet. Ich habe bisher nicht erfahren, ob es wieder aufgebaut wurde.

Als zweites Baumhotel probierte ich den Abenteuerspielplatz mit Kissen in Australien nahe Cairns. Und während ich da wohnte, passierte eine Geschichte, die so einfach gestrickt normalerweise nur in TV-Serien vorkommt. Strammer Bursch' lernt fesche Maid (gibt es auch außerhalb Bayerns) im Hotelrestaurant auf der Erde kennen und entschließt sich zum nächtlichen Besuch. Fensterln mag alltäglich sein, nicht aber auf kirchturmhohen Bäumen. Prompt rutschte der Gast beim Hangeln kurz vor dem erträumten Ziel ab. Aufregung im Baumhotel. Zum Glück kam der Gast mit verstauchten Haxen davon.

# Aussicht auf den Kölner Dom

## DAS WELTKULTURERBE IM SCHAUFENSTER

Bei der Aufzählung außergewöhnlicher Hotels fehlen regelmäßig die *Hip*-Hotels. Jene frechen Designdomizile, die vor allem junge Leute mit gutem Einkommen besonders schätzen. Designhotels haben zumeist den Nachteil, dass Service und Gästepflege augenscheinlich eine völlig untergeordnete Rolle spielen, weil sie vorrangig eine auf den ersten Blick wenig empfängliche Klientel bedienen.

So entsteht für Vielreisende die Zuordnung, der ich klammheimlich ebenfalls nachhänge: Traditionshotels gleich grandiose Nostalgie und Wohlfühlatmosphäre. Hotels der reduzierten Formen, minimalistischen Designs gleich unpersönliche Kühle, ja, der Gast wirkt in dieser Inszenierung oft nur störend. Es gibt Beispiele genug, die diese These stützen und die Frage aufwerfen: Sind Mitarbeiter in Designhotels selbst nie irgendwo Gast oder vermeiden sie Hotelaufenthalte, weil sie sich Unfreundlichkeiten ersparen wollten? Der Gedanke schoss mir zuletzt durch den Kopf, als ich das Hotel erlebte, das ideal ist für den Anschauungsunterricht in Hotelfachschulen: Seht her, liebe Auszubildende, alles, was Sie hier erleben, dürfen Sie später nicht machen, niemals. Wir sind zu Gast in Ian Schragers „Delano" in Miami. Wichtig ist hier nur das Gesamtbild, die eigenwillige Gestaltung, die Dekoration weiß in weiß. Kurz und gut: Der Gast stört augenscheinlich in der kühlen Designerwelt. Zum Glück gibt es aber auch Hotels, die konsequent modern gestaltet sind, aber dennoch das Wohlfühlaroma und den Service eines klassischen Grandhotels anbieten. Das „Four Seasons" in Prag, das „Grand Hyatt" in Berlin, das „Ritz-Carlton" in Wolfsburg sind solche Adressen. Und einen derart angenehmen Aufenthalt erlebte ich ebenfalls in Europas ehemals größtem Wasserturm auf der linken Rheinseite der Domstadt Köln. Zimmer und Suiten sind im alten, voluminösen Tower, der natürlich unter Denkmalschutz steht, von der Pariser Designerin Andrée Putman konsequent schlicht, elegant und ohne Firlefanz eingerichtet. Mit den gerundeten Wänden, luxuriösem Dekorationsmaterial und zeitlos samtenen Polstermöbeln im Stil der 30er Jahre bieten die Zimmer ein Paradebeispiel dafür, welche Möglichkeiten in einem Raum stecken, wenn man es richtig angeht. In den Doppelzimmern sind die Bäder klein, aber die Toilette stets außerhalb der Nasszelle. Das ist selbst bei renommierten Leading-Hotels nicht selbstverständlich.

Eine herrliche Zusatzleistung bieten die Zimmer in der achten und neunten Etage. Durch großzügige Schiebetüren kann der Gast auf der schmalen Rundumterrasse einmal über Köln spazieren und den Panoramablick genießen, über die Altstadt, zum Dom und bis zum Rhein. Genuss pur? Fast. Frühmorgens, als ich nach angenehmer Nacht aus meinem Zimmer in das Innere des Wasserturms trat, von Flur kann man nun wirklich nicht reden, wirkte die ungeschminkte gigantische Ziegelkonstruktion echt bedrückend – fast wie ein Verlies oder eine Folterkammer wie in Ritterfilmen aus dem Mittelalter. Im Erdgeschoss wird der Weg zur Rezeption zwischen all den Steinen und Säulen zum Irrgarten.

Doch das lässt sich wohl in einem Wasserturm kaum ändern. Wie sagte die Designerin nach getanem Werk? „Ich misstraue uneingeschränkter Begeisterung und der Perfektion – ich suche immer nach dem Fehler." Recht hat sie. Der Gesamteindruck dieses ungewöhnlichen Domizils bleibt davon freilich unangetastet. Gern sage ich Ihnen warum: Das Frühstücksrestaurant swingt zu Bigbandmelodien, fröhliche Servicekräfte signalisieren mit allem, was sie tun: Seht her, wir machen nicht einfach unseren Job, es ist für uns Spaß, die Gäste zu verwöhnen. Das Fünf-Sterne-

Büfett wird mit einer derartigen Geschwindigkeit nachgelegt, dass sich jeder Gast beim genussvollen Betrachten als der Erste am Morgen fühlt.

Das Restaurant mit der merkwürdigen Sprechschreibweise „dAblju“ für „W“ ist nur das zweite Restaurant, die Spitzenküche wird im spektakulären Dachgarten „La Vision“ in der 11. Etage serviert. Michelin zeichnete Küchenchef Hendrik Otto mit dem Stern aus. Damit hat die Millionenstadt erstmals wieder ein Hotelrestaurant mit dem Glanz der besten. Verdient hat Otto die Ehre allemal. Gleich fünf Appetizer, neudeutsch *Amuse bouche* genannt, stimmen auf die folgenden Köstlichkeiten ein, die die ambitionierte Truppe anrichtet.

Sie sehen, auch in einem modernen Hotel können Gäste verwöhnt werden. Wenn Menschen dafür sorgen, dass ein *Hip*-Hotel eine Seele hat, wird eine langweilige Dienstfahrt mit diesem Ziel zu einer stilvollen und anregenden Erfahrung, auch wenn der Charme der alten Schule vergangener Epochen fehlt. Er wird nicht vermisst.

# Trinkgeldjagd und Servicewüste

## HILFESTELLUNG NUR MIT DEM DOLLARZEICHEN IM AUGE

Franziska hat das Trinkgeldleuchten in den Augen. Die junge Deutsche im New Yorker Nobelhotel „Mandarin Oriental“ betreibt dabei ihre *Tip*-Strategie doppelgleisig. Für die optische Ansprache trägt sie stets ein blütenweißes T-Shirt, das sie wohl von der kleinen Schwester geliehen hat. So hauteng entblößt das dünne Baumwollgewebe ihre wohlproportionierte Anatomie. Ihre besondere Anrede prägt Teil zwei der „Erntevorbereitung“. In jedem Satz benutzt sie „für Sie“. „Darf ich eine zweite Flasche Wasser für Sie bringen? Ist das Steak für Sie richtig gebraten? Kann ich noch irgend etwas in Ihrem Zimmer für Sie richten?“

Das hat Franziska wohl in der Professional Service School gelernt, wo nicht nur korrektes Verhalten im Restaurant und Hotel, sondern auch Formulierungen und Körpersprache zur

Steigerung des Trinkgeldes im Lehrplan stehen. Normalerweise werde ich beim zu vordergründigen „*Tip*-Jagen“ eher bockig, vor allem, seitdem ich weiß, dass jeder bessere Kellner in den New Yorker Nobelrestaurants etwa fünfzig- bis fünfundsiebzigtausend Dollar im Jahr macht. Ist ja noch in Ordnung, wenn dafür dem Gast Wohlbefinden und Genuss vermittelt werden, der Annehmlichkeit fernab von daheim sucht.

Ohne aber richtig zufrieden zu sein, wird das Trinkgeld-Muss zum Ärgernis. Ankunft in Washington, einer der „*Tip*-Hauptstädte“ der Welt. Gepäckträger lädt die Koffer auf, ohne zu fragen, steckt zwei Dollar ein, hält die Hand weiter offen – fünf sind selbstverständlich, für fünfzig Meter. Taxifahrer und der Doorman vom „Willard Hotel“, das vor Tradition schon Ehrfurcht heischend ist, weil es bereits vor dem Capitol fertiggestellt wurde, bringen es fertig, nur mit dem Blick zu fordern, ohne Einsatz der Finger. Das Gepäck kommt aufs Zimmer. Fünf Dollar. Zum Glück habe ich mit einem kleinen Umschlag voll Noten vorgesorgt. Im Fünf-Minuten-Abstand folgen die Servicefrau, die einen Kübel voll Eis bringt, der Kellner, der einen süßen Gruß aus der Küche serviert, und die adrette Puerto-Ricanerin, die fragt, ob sie noch etwas tun kann. Lächeln, warten, danken. Und immer wieder: Trinkgeldleuchten in den Augen.

Die nicht enden wollenden *Tip*-Folgen treiben manchen Reisenden zur Verzweiflung. Schon wieder einer! Und wie viel Münzen gebe ich bloß?

Man mag in deutschen Hotels ja manchen Ärger erleben, ein überzogenes Trinkgeldtheater wie in den USA muss hier keiner befürchten. Der Grund liegt auf der Hand: Alle Servicekräfte bekommen Gehalt und sind nicht zwingend auf Trinkgeld angewiesen. Im historischen Hotel „Plaza" in New York, unantastbar wie die Freiheitsstatue, bekommt der Kellner dagegen gerade mal drei Dollar pro Stunde vom Hotel, der Kofferträger fünf. Darum, na ja, Sie wissen schon ...

Bei Kreuzfahrten, wo Trinkgelder höchste Höhen erreicht haben, rechnen einige Gesellschaften mittlerweile den *tip* ihrem All-inclusive-Paket zu, kein Zwang also mehr für Passagiere. Gewiss eine echte Erleichterung. Per Anweisung ist es dem Personal verboten, etwas anzunehmen. Auf einem Seabourn-Schiff habe ich dennoch der Kabinenmaid, die besonders freundlich war, gleich zu Beginn der großen Fahrt einen Schein in die Hand gedrückt, aus herzensreiner Berechnung. Ich hoffte, davon für den Rest der Reise zu profitieren, und sollte Recht behalten. Fortan hatte ich besonders schönes frisches Obst auf dem Teller und abends zwei Pralinen als Betthupferl.

Der Bonus als ein herzliches Dankeschön und Belohnung für eine Sonderleistung sollte heute in jedem Reiseetat (Nippon-Ziele ausgenommen) als Posten berücksichtigt werden.

Sinn macht frühes *tippen* als Investition in persönliche Betreuung, wenn man länger bleibt (im Hotel, auf dem Schiff).

In einem britischen Pub erlebte ich den Grundgedanken, der zum Prinzip erhoben wird: Ein Kupfertopf stand auf dem Tresen und ein handgeschriebenes Schild mit der unverblümten Anspielung davor: *To improve promptness.* Der Zügigkeitsturbo will vor dem Zünden geladen werden ...

Schon Goethe hatte zu seiner Zeit das Trinkgeld im Blick: „Mann mit zugeknöpften Taschen, Dir tut niemand was zulieb", belehrte der Dichterfürst, „Hand wird nur von Hand gewaschen. Wenn Du nehmen willst, so gib!" Und selbst bei den Korinthern klingt es, als sei der *tip* damals schon ein beherrschendes Thema gewesen: „Einen fröhlichen, freimütigen Geber hat Gott lieb."

# In Genf ist der Gast wieder heilig

## WIE EIN HOTEL DIE WENDE SCHAFFTE

Ich wohnte wie in einem Adlerhorst. Hoch über der Rhône gleitet der Blick, der Welt entrückt, über die Dächer von Genf hinüber zum Montblanc, der sich scharf vom Himmelsblau abzeichnet. Suite 600, gediegene Eleganz, Dachterrasse mit Sylter Strandkorb und gepflegte Schweizer Gastlichkeit. „Hôtel du Rhône", ein Mandarin-Oriental-Spitzenhotel der langen Kette erstklassiger Häuser am Genfer See, die hier am Quai Turretini beginnt. Ein weiteres Traditionshotel dieser Klasse, das „Des Bergues", wurde nach umfassendem Umbau als Four Seasons wiedereröffnet.

Das „Hôtel du Rhône" hat gute Zeiten erlebt und schlechte. Wäre weiter nicht erwähnenswert, aber das ständige Auf und Ab des 192-Zimmer-und-Suiten-Domizils ist ein typisches Beispiel, geradezu ein Spiegel der Berg-und-Tal-

Fahrt Schweizer Grandhotels, was Gästepflege mit Qualität betrifft.

Schon weit vor dem Bau der Herberge mit Fünf-Sterne-Glanz war die Hotellerie der Eidgenossen eine Wiege feiner Gastlichkeit, Vorbild für Europa und die Welt. Schweizer Manager wurden als Edelbesetzungen in die Grandhotels vermittelt. Der große Cäsar Ritz wirkte hier, und in Lausanne erarbeitete sich die Hotelfachschule das Aushängeschild, feinste Ausbildungsadresse der Branche zu sein. Nicht ohne Überheblichkeit schaute man auf die Nachbarländer.

Doch nur der ist auf Dauer ein guter Prediger, der seine eigenen Ermahnungen befolgt. „Ich kann leichter zwanzig lehren, was gut zu tun ist, als einer von den zwanzigen zu sein“, heißt es in Shakespeares „Kaufmann von Venedig“. Und genau das wurde zum Problem der Schweizer Hotellerie. Gefangen von den Erfolgen der Vergangenheit machte sich Gleichgültigkeit breit und wurde zur unübersehbaren Serviceschwäche.

Das klassische Beispiel dafür erlebte ich im „Dolder Grandhotel“ in Zürich, das inzwischen geschlossen wurde, um einem Neubau Platz zu machen. In der Minibar standen benutzte Gläser und halbleere Flaschen, als ich damals spät, aber scheinbar doch zu früh eintraf. Die Toilette war nicht vollständig gespült und der Concierge kommentierte meine Anrede mit einem unwilligen „Hm“. Solche Zeiten erlebte man früher auch im „Hôtel du Rhône“, eine Momentaufnahme im Wandel der Zeit.

Der wuchtige, blütenweiße Block war 1950 fertiggestellt worden, betont funktionell gestaltet, aber ein Hotel ohne Herz und Seele. Auch nach Umbauten blieben die Zimmer klein und die Einrichtungen langweilig. Ich habe damals mehrfach dort gewohnt und war nie zufrieden. Der grelle Billig-Plastik-Look in Bar und Restaurant wirkte störend, die Küche war nur sättigend. Ein Spiegelbild des Schweizer Abschwungs in jenen Jahren.

Aufwärts ging es dann wieder parallel zur totalen Verwandlung des „Hôtels du Rhône“, als Georg Rafael 1988 das Hotel übernahm und der sportliche Marco Torriani die Regie. Nichts, aber auch gar nichts blieb mehr stehen, außer den Grundmauern und der Fassade. Die Zimmer wurden vergrößert, die Bäder auf Rafael-Standard gebracht – Toilette und Dusche separat und die Einrichtung in modernen Elementen geschaffen, in die sich wertvolle Antiquitäten störungsfrei einfügen.

Aus den einst 280 Zimmern wurden mit dem Umbau ganze 192, natürlich alle erheblich großzügiger als zuvor. Die schönsten Gästezimmer liegen im sechsten Stock, auf der so genannten Beletage. Ursprünglich bedeutete Beletage „erstes Stockwerk“. Dem Vorbild des „Montreux

Palace“ folgend, wurde hier nun das sechste Geschoss mit Blick auf die Altstadt, die nahen Berge und den berühmten Springbrunnen mit der einhundertvierzig Meter hohen Wasserfontäne zum Prestigeflur.

Die Gestaltung vollzog der Innenarchitekt Don Siembieda im Stil des beginnenden Modernismus vor allem mit Marmor, Parkett, Leder, Seide und Mohair.

Mit der Neuorientierung wurde auch die Hotelküche erleichtert und das Restaurant gemütlich gemacht. „Le Neptune“ rückte in die Schweizer Gourmetspitze vor. Auf Anhieb gab es zwei Sterne, was im ersten Jahr einer Sensation gleichkommt.

Wichtiger aber war: Der Service veränderte sich wieder in die richtige Richtung. Das Hotel hat seinen Weg gefunden. Das Wohlbefinden der Gäste und die Servicequalität stehen an der Spitze aller Konzepte und Überlegungen. Da hat sich der leidenschaftliche Appell von Cäsar Ritz, der ganz in der Nähe der Rhône geboren wurde, letztlich durchgesetzt: „Der Gast sei dem Gastgeber heilig.“

# Putzen Sie Ihre Schuhe gefälligst selbst!

## VOM TRAURIGEN LOS, IN MIAMI-HOTELS ZU WOHNEN

Vorurteile, so hat ein kluger Mann einmal formuliert, sind Versuche, Tatsachen und Erlebnisse gegeneinander abzuwägen und dabei den Daumen auf die Waagschale zu legen. Ganz gewiss, ein Daumen ist nicht im Spiel, denn von Vorurteilen kann wahrlich keine Rede sein, wenn in einer kritischen Gesamtbilanz das vernichtende Urteil steht, dass nicht eine einzige andere Stadt in der Hotelwelt so serviceunwillig ist wie die Sunshine- und Spaßmetropole Miami mit dem Anhängsel Miami Beach.

Nanu, können Sie als Kenner einwenden, gerade dort zelebriert die Übernachtungsbranche doch ein Gipfeltreffen der großen Namen. Häuser der besten Hotelgruppen der Welt, bei denen auch ich in anderen Städten regelmäßig persönlichen Service als eine Art von Kunst erlebe. Nehmen Sie Mandarin Oriental zum Beispiel.

Das „Oriental Hotel“ in Bangkok ist die Legende, die Keimzelle des Gästeverwöhnens. Der Kontrastpunkt dazu, das moderne Haus in Florida. Da wird intensiv das Gefühl vermittelt, in der kühlen Eleganz des Ambientes störe nur einer, der Gast. Beim Frühstück wurde der „ungewöhnliche Wunsch“ nach Mineralwasser mit einer Flasche erfüllt, die ungeöffnet und ohne ein Glas auf den Tisch geschoben wurde.

Oder Four Seasons. Die Häuser in Chicago, in Paris (George V.) oder das Golfresort „Terre Blanche“ gehören zu meinen Lieblingshotels weltweit. In Miami erreicht das Domizil der Fünf-Sterne-Gruppe bei weitem nicht die selbstgesetzten Standards. Nach fünfzig Minuten (!) reklamierte ich am Nachmittag die zwei bestellten Cappuccini. Der Roomservice beschied mir höchst unfreundlich, dass man zeitlich voll im Limit sei. Fünfzig Minuten brauche man, um einen Kaffee zu servieren. Am Abend, um halb elf, nach einem höchst erfreulichen Dinner in der City, bekamen wir einen Schlag, als wir unser Zimmer aufschlossen. Es war kein Abendservice durchgeführt, nichts abgeräumt. Um 23.00 Uhr kam der Anruf vom Housekeeping, man wolle jetzt das Bett aufdecken ... Das Frühstücksbüfett (eine einzige Marmeladensorte auf dem Tisch) hat Motelqualität, aber keine Four-Seasons-Klasse. Bei Ritz-Carlton, dem anderen Spitzenreiter in der Bestenliste, erlebte ich bisher ebenfalls nur die hohe Hospitality-Kunst, nicht in Miami (South Beach). Der so genannte Shoe-shine-Service fand nicht statt. Am zweiten Abend legte ich eine Fünf-Dollar-Note und ein handgeschriebenes „Dankeschön“ in den Schuh. Am nächsten Morgen waren die Schuhe wieder nicht geputzt. Dafür lagen Schwämmchen und Poliertuch daneben. Zum Selberreinigen. Inzwischen wurde der General Manager, der Mann an der Spitze, gewechselt und die Verbesserungen sind augenscheinlich.

Das spektakulärste Beispiel bietet das blütenweiße „Delano-Hotel“, eine der Designerherbergen aus dem Ian-Schrager-Imperium. Die Hotelraten für ein Zimmer von der Größe „nehme ich einen Rimowa-Koffer oder meine Frau mit“ liegen deutlich über eintausend Dollar die Nacht.

Einem betuchten Hamburger Journalisten, einem der großen Blattmacher unserer Zeit, war das entschieden zu viel, er zog in ein weniger namhaftes Haus. Hübsche junge Menschen posieren im Service, zeigen aber keinerlei Bereitschaft, dem Gast zu helfen. So amüsierten sich zwei Serviceleute an der Tür eines Gästezimmers, wo ziemlich deutlich Geräusche zu vernehmen waren, die bei inniger Annäherung nun einmal entstehen. Währenddessen zerrte ein Ehepaar schweres Gepäck über den Flur. Die sanften Jungs schauten bedauernd kurz hin, ließen sich aber beim Unterhaltungsprogramm nicht stören.

Ein neuer Versuch, ein Klassehotel, diesmal mit exzellentem Service in Miami zu platzieren, wurde jetzt behutsam eingeläutet und in Etappen fertiggestellt. Im „Setai" könnte dank asiatischer Gastfreundschaft in der „Aman"-Partnerschaft und importierter Kräfte mit Asiens sanfter Anmut die Quadratur des Kreises gelingen. Adrian Zecher, der Schöpfer einer einzigartigen Hotelphilosophie, setzt darauf, dem Gast seine Wünsche zu erfüllen, bevor er sie ausgesprochen hat. Das weckt Hoffnung.

# Genuss für Hund und Mensch

## WIE EINER AUS DEM BLECHNAPF ASS

Dieser Service ist zum Bellen komisch. Nach Schönheitssalons für Hunde, Modeateliers für Vierbeiner, Psychologen-Sprechstunden und Hundefriedhof wird nun allerorten Genussurlaub für „Hund und Herrchen" angeboten. Man achte auf die Reihenfolge der angesprochenen Zielgruppe ...

Das „Peninsula" in Chicago, ein luxuriöses Grandhotel, hat die Klientel ins Marketing-Konzept miteinbezogen und offeriert tatsächlich „Fünf-Sterne-Menüs für Gourmets auf vier Pfoten", ein Tabby-Tuna-Tatar für zehn Dollar, ein mariniertes Lachsfilet mit typischen Hundegewürzen (was immer das sein mag), sogar eine Stopfgansleber mit glasigem Kern sollen den Vierbeiner verwöhnen. Es mag ja sein, dass Hunde Menschen manchmal mehr Freude bereiten als Menschen. Oder wie es der Altrocker und SPD-Wahlkampfbarde Peter Maffay kundgetan hat, ihm seien Tiere darum lieber, weil sie fairer als die Begleiter auf zwei Beinen sind. Hat wohl schlechte Erfahrungen gemacht, der Arme.

Wie auch immer: Man weiß schließlich auch von reichen Amerikanern, die ihr Vermögen einem Pudel oder Dobermann vererbt haben. Oder denken Sie an das Theater um den ondulierten Minikläffer Daisy der ermordeten Modekultfigur Moshammer.

Und jetzt gibt es schon etliche Hotels, die sich selbst als „Hundehotels" bezeichnen. Wohlgemerkt, es geht hier um die hin und wieder gestellte Frage: Wir möchten gern mit unserem Labrador im Herbst in den Bergen wandern. Wo finden wir ein Hotel im Grünen? In 75 Prozent aller internationalen Hotels dürfen die Vierbeiner immer noch nicht mit ins Haus. Das soll in Zukunft anders werden. Die Fairmont-Hotels in Kanada und den USA bieten speziellen Hundeservice an und haben sogar kleine Terrier in der „Mitarbeitergarde", die als Spielgefährten mitreisenden Kindern Freude machen sollen. Nicht schlecht überlegt.

Verrückt ist nur, wenn es um Domizile geht, wo der Hund wie ein Herrchen behandelt wird. Whirlpool für den Vierbeiner und Fitnessprogramme, beispielsweise, oder weiße Tischdecken unter dem Napf. Das erste Hotel, das diesen übermäßigen Aufwand für begleitende

Hunde bot, war das „Brazilian Court Hotel“ in Palm Beach. Dort erfand man den Bowser Burger aus magerem, gehacktem Rindfleisch mit Napfsauce und weitere elf „Delikatessen“. Angerichtet wird übrigens in derselben Küche, aus der die Speisen fürs Herrchen kommen. Nicht bekannt ist, ob diese Gleichheitsregelung auch für die Abteilung Abwasch gilt.

Die Liebe zum Viech treibt oft merkwürdige Blüten. Im „Court“ ließ ein New Yorker Makler seinem Hund drei Tage lang ein halb durchgebratenes Rinderfilet im Goldnapf servieren, während er einen preiswerten Eintopf löffelte. Im „Maritim Bad Wildungen“ kommt Bello auf die Couch, erst beim Psychologen, dann zur Physiotherapie, sollte er lahmen.

Doktor Doolittle ist jetzt gefordert, wie sonst sollte die Hotelbranche erfahren, wie die Tiere den Rummel empfinden? Und dann war da noch das Verwirrspiel im amerikanischen „Chancellor Grill“, wo ein Gast das Chow Filet Mignon bestellte und sich wunderte, dass das wertvolle Fleisch in Streifen geschnitten und blass gebraten war. Die zweite Ungereimtheit: Es wurde nicht auf dem Teller serviert, sondern in einem mit Versace-Design gestalteten Porzellannapf. Dass der Kellner sich nach dem Wohlbefinden des Hundes erkundigte, verstand der Gast mit wenig Englischkenntnissen nur zur Hälfte und antwortete eher grundsätzlich: „No, nix dog." Was wiederum den Kellner völlig irritierte.

Die Aufklärung der Geschichte ist schnell erzählt – und macht die entartete Hundeliebe deutlich: Wegen seines großen Hungers zur Eile getrieben, hatte der Hotelgast versehentlich zur Speisekarte für den Hund gegriffen. Wahrlich verrückte Zeiten.

# Auf den Pfeilern des Glücks

## OVERWATER-BUNGALOWS IN DER LAGUNE DER LIEBE

Wer auf der Holzterrasse eines Overwater-Bungalows sitzt, in stiller Andacht auf das spiegelglatte Wasser schaut und sich dem Gefühl hingibt, über der Lagune zu schweben, erlebt die wohl schönste Seite des Hotellebens. Jahrzehntelang war dieses Erlebnis nur in Französisch-Polynesien, kurz Tahiti genannt, zu genießen, beispielsweise im „Aman Resort Bora Bora". Hier wird das Farbenspiel des Wassers direkt im Himmel inszeniert. Die Töne wechseln von durchscheinendem Opal und Perlmutt bis Silber mit einem winzigen Schuss Türkis. Mantas, Meerestiere mit mächtigen Schwingen, ziehen vorbei. Ganz weit draußen, wo der Horizont die Lagune küsst, schwebt ein Dunstschleier über der Naturbühne. Morgens in aller Frühe, wenn die Sonne noch ohne Kraft ist, scheint die Lagune bleigrau, im Tagesverlauf wechselt der Ton zu zartem Oliv und wird immer heller. Am Abend spiegelt sich der Sonnenuntergang in der Lagune. Die dunklen Wedel einer schräg ins Meer hinausragenden Palme wirken wie ein Scherenschnitt.

Aus der Distanz neigen wir dazu, das alles als Postkartenkitsch abzutun – es ist die Wahrheit von Bora Bora. Ich höre schon diejenigen „Einspruch" nörgeln, die nicht das Talent haben, ungetrübtes Glück für den Moment genießen zu können. Glückskinder haben sich den Wahlspruch zu Eigen gemacht, wonach harte Arbeit und totaler Genuss kein Widerspruch sein muss. Da das Außergewöhnliche nie lange exklusiv bleibt, gibt es inzwischen überall in den warmen Weltmeeren Überwasserdörfer, ganze Labyrinthe aus Stelzen sind gewachsen, alle mit der gemeinsamen Verheißung: Glückseligkeit.

Im Indischen Ozean wurde die Auswahl besonders vielschichtig, zum Glück nicht nur im absoluten Hochpreisbereich. Von überirdischer Schönheit ist die Overwater-Bungalow-Anlage „Taj Exotica and Spa" auf den Seychellen. In diese neue Kategorie gehören auch das „Soneva Gili", das „One&Only Kanuhura", sogar ein „Hilton International", die Gruppe, die sonst für Businessdomizile steht. Auch das „Oberoi" auf Lombok gehört zu den Beispielen (sie alle blieben von der Flutwelle verschont).

Zurück zur Insel, die in der Lagune so friedvoll und jungfräulich aussieht wie am ersten Tag der Schöpfungsgeschichte, gestreichelt vom sanften Wimpernschlag des Ozeans und unberührt vom Sündenfall der Menschheit. Der Blick ins Paradies, das Über-der-Lagune-Schweben, kostet hier leider ein Vermögen: so um die 750 Euro pro Nacht. Dafür bekommen Sie freilich nicht nur ein blumengeschmücktes Quartier, sondern auch den Pflock, an dem unsere Illusionen, unsere Träume vom irdischen Garten Eden festgemacht sind. Und das ist unbezahlbar. Für mich ist der Rahmen zum Glück kein Schloss, kein Traumresort mit noch so perfekter Wellnessverführung, nicht Tempel, nicht Burg, nur einfach Leben auf Stelzen im Wasser, die moderne Interpretation der tahitischen *Whare Houses*.

Drei verrückte Kalifornier hatten zu Beginn der 60er Jahre eine solche Hütte in die Lagune von Moorea gebaut, mit einem verglasten Loch im Fußboden, um die Unterwasserwelt von der Couch aus zu erleben. Bingo, das war ein Griff ans Herz. Daraus entstand das Resort „Bali Hai". Wir stellen fest: Aus der Schnapsidee der *crazy boys* von einst wurde die begehrteste Lebensart, Inbegriff der Südsee.

Unsere Stelzenvilla hat den Namen „Viti". Sie steht am weitesten hinausgeschoben im Türkis. Unter „Viti" logieren zwei Seeschildkröten, erfreuen uns mit Loopings unter der Glasluke. Abends schaut der Riesenrochen vorbei, fängt ein zugeworfenes Algenplätzchen und gleitet mit

kraftvollem Schwingen seiner Rochenflügel davon. Nebenan, unter „Ato", hat eine mächtige Muräne Quartier bezogen.

Pfahlbungalows in den Wellen sind Tag für Tag ein Schaumbad für die Seele, weil das Wasser die Distanz zu Problemen und allen Alltagssorgen schafft. Logenplätze am Meer ohne Konjunkturprobleme und Steuerprüfung.

Die modernen Holzhütten (was für ein Widerspruch), wie im „Bora Bora Lagoon Resort", haben selbst eine ausgetüftelte Lichtregie. Durch die geschickte Anordnung von großen Fenstern und Spiegeln lässt man die Lagune bis unters Dach schimmern. *Mauruuru roa* formuliere ich und genieße das Wort mit der Zunge, wie einen 61er Margaux, noch einmal *Mauruuru roa* und meine das ehrlich: herzlichen Dank – für geliehene Augenblicke des Glücks.

# Mehr Frust als Lust – Frühstück im Hotel

## DER MORGENDLICHE DAUERLAUF ZUM BÜFETT

Es war kein Roquefort-Aufstrich auf dem Frühstücksbrot, wie es ein Hoffnungsblitz vermuten ließ. Es war tatsächlich grüner Schimmel, der sich auf dem ausgelegten Brot verbreitet hatte und die Freude am Hotelfrühstück gründlich verdarb. Nichts war's mit Morgenstund' hat Gold im Mund. Vorbei der genüssliche Start in den Tag.

Ein Frühstücksbüfett im Berliner „Swissôtel“ mit verdorbenem Brot, wie kann so etwas passieren? Wahrscheinlich hat ein Mitarbeiter den abgebrochenen Schlaf beim morgendlichen Dienst weitergeführt. Wäre eine Erklärung. Aber wo war die Kontrolle, der so genannte F&B-Manager (Essen und Trinken) oder sein Frühstücksbeauftragter?

Hotelqualität, das zeigt die Erfahrung, ist nur so gut wie die Kontrollsysteme. Die fiese

Frühstücksenttäuschung macht wieder einmal deutlich, dass die Servicevorgaben – in der Theorie klug ausgetüftelte Pläne und jedes Credo der Hotelgruppen, die so gern den Begriff „Servicephilosophie“ strapazieren – derart hochklassig oder grottenschlecht funktionieren, je nachdem wie der diensttuende Mitarbeiter an der Basis gerade aufgelegt ist.

Der Start in den Tag wird in den Hotels immer teurer. 21 Euro kostet das geschilderte Frühstück im „Swissôtel“, 40 Euro im „Adlon“, 52 Dollar im „Bali Begawan Giri“.

Für mich beginnt der ideale Tag, in welchem Hotel auch immer, mit ein paar Scheiben Papaya oder Ananas (gesund), drei Tassen starkem Kaffee (ungesund) und Schwarzbrot oder Bagel mit Lachs, Frischkäse und Tomaten.

Wahrlich nichts Besonderes, eher anspruchslos für ein gutes Hotel. Und weil sich das so leicht ordern lässt, brauche ich keine opulenten Frühstücksbüfetts, die dazu auch noch mit Aufstehen, Anstehen, Gesprächsunterbrechung verbunden sind.

Die Mehrheit der Hotelklientel sieht das anders. 70 Prozent bevorzugen die Büfettvariante für die wichtigste Mahlzeit des Tages, die in einem winzigen amerikanischen Landhotel erfunden wurde, als alles, was am Morgen im Hotelkühlschrank lag, zur Selbstbedienung auf einen großen Tisch gestellt wurde. Es gab halt kein Personal. Das war die Geburtsstunde des Büfetts und damit die Animation, den Teller etwas voller zu beladen. Die stille Entschuldigung hielt und hält der Volksmund parat: morgens wie ein Fürst, mittags wie ein Bürger und abends wie ein Bettler zu speisen.

Wer keine besonderen Ansprüche an die erste Mahlzeit des Tages stellt, bescheidet sich mit einem deutschen Normalfrühstück: Kaffee oder Tee, Brötchen plus Butter und Marmelade. Gäste aus Übersee empfanden schon um die Jahrhundertwende dieses Frühstück als derart armselig, dass sie es als *Continental Breakfast* bezeichneten. Das war sarkastisch gemeint.

Die Frühstücksbestellung beim Roomservice (wer morgens noch keine anderen Menschen sehen möchte) gerät in vielen, auch teuren Hotels zum ersten Ärgernis des Tages. Unfreundliches Personal, schlechte Deutschkenntnisse, erkennbare Unlust, Service zu bieten: „Bringen Sie mir bitte auch eine ‚Welt am Sonntag' zum Frühstück." – „Bekommen Sie an der Rezeption."

Möglichst perfekten Service, die besondere Pflege der Gäste zum hochsensiblen Start in den Tag, das alles gehört zum Credo der Selektion Deutscher Luxushotels. Hier haben die Verantwortlichen erkannt, dass die so genannte *software,* die Leistung der Mitarbeiter, wichtiger ist als das pompöse, aufwändige Drumherum. Der deutsche Zusammenschluss der Besten, dem zur Zeit sechs Grandhotels im Lande angehören, wählt extrem sorgfältig aus, welche Hotels zukünftig aufgenommen werden. Auch, um niemals eine Panne wie im „Swissôtel“ zu erleben.

Die Kombination aus *Breakfast* und *Lunch,* der *Brunch,* ist auch hierzulande vor allem zum Sonntagsvergnügen geworden. Während es sich in fast jedem größeren Hotel brunchen lässt, können sich viele kleinere Häuser diese Sonderofferte nicht leisten.

Die Herrschaften, die zum Brunch eilen, sind später kaum mehr zum Gehen zu bewegen und steigern ihren Konsum zum Festpreis gewaltig. Im Berliner „Palace“ blieben einmal die letzten Frühstücksgäste bis zum Abend.

# Raubrittertum zur Messezeit

## IM EISKALTEN DETROIT KLINGELN DIE KASSEN HEISS

Ein scheußlicher, kalter Januartag in Detroit, Michigan. Temperaturen weit unter dem Gefrierpunkt und vergleichbar unsere Stimmung, als wir verspätet im „Atheneum Hotel" in der Brush Avenue ankommen. Männer und Frauen gleichermaßen wuchten ihr Gepäck vom Airportbus zum Eingang.

Der dunkelhäutige Doorman mit der Pelzmütze öffnet dem ersten die Tür, tritt dann zur Seite, der Griff geht von Hand zu Hand. Schleppen, stolpern, stöhnen. Der Hotelangestellte feuert uns an: „Machen Sie schnell, es ist kalt und es zieht." Sein Kollege steht daneben, mit verschränkten Armen, und schaut höchst interessiert zu: „Yes man, it's cold." Keiner der beiden kommt auch nur auf die Idee, zu helfen und Service zu bieten – in jenem Land, dem man doch besondere Dienstleistungsbereitschaft nachsagt.

Dafür erleben wir an der Rezeption, wie die Zimmerpreise galoppieren. Es ist die Motor-Show-Woche angesagt, Messezeit also, in der Hotels in aller Welt gern besonders hinlangen. Hier erlebte ich das ultimative Raubrittertum.

Mein Zimmer 912 wird als „Studio" verkauft und ist spartanisch und billig eingerichtet: Bett, Tisch und Stuhl, furniert vom Billiganbieter, ein Kombischrank mit Fernseher und Dosenautomat. Beim Ziehen eines Servicegriffs rollt die Getränkedose und wird direkt berechnet. Der schmuddelige Hochflorteppichboden ist ein stilles Grab für Kontaktlinsen und Kofferschlüssel. Das Spannendste in dieser Behausung sind die Verdunklungsvorhänge aus Flickenteppichen, die man gleichmäßig an den Schnüren bedienen muss, um Schräglagen zu vermeiden.

Die Wände sind dünn wie aufgezogene Tapete. Im Nachbarzimmer gibt es eine angeregte Unterhaltung. Ich hätte mitdiskutieren können, ohne mein Zimmer verlassen zu müssen. Ob Sie es nun glauben oder nicht, dafür stellt dieses „Atheneum" zur Motor Show 320 Dollar pro Nacht in Rechnung und „ermäßigt" 289 Dollar, weil's eine Gruppenbuchung ist. Viel Geld für null Service. In solchen Nächten werden fremde Betten doppelt unangenehm. Am nächsten Morgen beim Blick aus dem Fenster schauen mich in dieser heruntergekommenen Gegend ausgebrannte Fensterhöhlen wie Totenköpfe an. Gruselstimmung. Elf Monate im Jahr wird Detroit selbst von Amerikanern gemieden. Dann macht jeder, der es einrichten kann, einen großen Bogen um die Automobilhauptstadt. Nur einmal im Jahr mutiert die *rost bowl* und *murder city,* die Rostschüssel und Mörderstadt, wie die Amerikaner angesichts der höchsten Kriminalitätsrate im Lande verächtlich zu sagen pflegen, zur Supercity der USA, zur Wirtschaftsmetropole. Für kurze Zeit vergessen ist dann, was passiert, wenn es schlecht um die Stadt steht: Denn dann ist es schon mehrfach vorgekommen, dass Asiaten erschlagen wurden – von Arbeitern, die Angst um ihre Arbeitsplätze haben oder eben in der japanischen Autoindustrie das Böse an sich sehen.

Keine andere Stadt der Erde ist so lange und eng mit dem Auto verbunden wie der Ort in Michigan, den 1701 der Franzose Cadillac, noch heute Namensgeber für Straßenkreuzer aus Detroit, als Pelzhandelsplatz gründete. General Motors, Ford und Chrysler haben hier ihren Ursprung und ihre Werke. Und das ist so ziemlich das einzige, worauf man in Michigan stolz ist. Und dann kommt jedes Jahr zur gleichen Zeit die Show in erschreckend traurigem Rahmen, die jeder verflucht, wo aber die ganze Branche hin muss.

Im Zimmer 912 ist es inzwischen unerträglich heiß. Das Rippenfenster (wie vergittert) lässt sich nicht öffnen, die Klimaanlage bollert, zischt und vibriert wie eine alte Dampflok. Zum Preis für ein richtig gutes Hotel habe ich die Wahl, zu erfrieren oder in Umluft gegart zu werden. Das ganze Jahr über steht dieser Laden mehrheitlich leer, aber in den Januartagen, da soll das Geld für die übrigen elf Monate geerntet werden. Tatsächlich eine reiche Ernte in dieser Servicewüste am Detroit River.

# Auf der Kanonenkugel überm Golfplatz

## ZU GAST IN MÜNCHHAUSENS GRANDHOTEL

Die meisten von uns kennen das: Im Sport ist die persönliche Erwartungshaltung oft nicht mit dem tatsächlichen Leistungsvermögen in Einklang zu bringen, und so leiden, ja verzweifeln wir manchmal. Auf dem endlos langen Fairway von Loch 18 vor dem „Schlosshotel Münchhausen" musste ich an den Lügenbaron denken und daran, was er sich wohl ausgedacht hätte, um den kleinen genarbten Ball mit nur zwei Schlägen auf das Grün des Par-5-Lochs zu befördern. Vielleicht hätte er überzeugend fabuliert, dass der Ball nach dem Schlag im Federkleid einer zufällig getroffenen Wildente gelandet, im Flug transportiert und direkt an der Fahne wieder auf die Erde gefallen wäre ...

Münchhausen ist hier überall gegenwärtig, in diesem ansonsten eher langweiligen Südzipfel Niedersachsens, irgendwo zwischen Hameln und Aerzen. In Sichtweite sind die Windräder Nordrhein-Westfalens, diese schlanken Zeugen einer teuren und unsinnigen Energiepolitik. Der Blick aus dem Schlossfenster fängt Frühlingsstimmung ein. Über der Natur liegt friedvolle Ursprünglichkeit, Rehe äsen am Waldrand, ein Bach plätschert, Krokusse sprießen.

Der Wassergraben gibt den Blick in den Park frei. Das Schloss (ursprünglich aus dem 16. Jahrhundert) in ockerfarbener Mächtigkeit und aufwändig restauriert, ist das Wahrzeichen der Region und führt den weltbekannten Namen Münchhausen. Sie erinnern sich an seine haarsträubenden Geschichten vom Ritt auf der Kanonenkugel oder wie er sich und sein Schlachtross an den Haaren aus dem Sumpf gezogen hat. Die „Erlebnisse“ des tapferen Mannes sind unverändert Volkslektüre.

Hier war es nicht der besagte Hieronymus Carl Friedrich von Münchhausen, sondern ein entfernter Vorfahre, Hilmar, der das Renaissanceschloss als Adelssitz erbaute und eine Früchtefarm einrichtete. In seinen Treibhäusern wurden um 1750 nicht nur Feigen und Apfelsinen, sondern auch Ananas gezogen. Schon damals ein Hochgenuss für Schlossgäste. Heute ziert die Frucht immer noch das Wappen des Schlosshotels.

Lange Jahre war der Prachtbau nicht bewohnt, dann kaufte ihn das Unternehmerehepaar Friedrich und Ulla Popken (Mode für Mollige) aus einer Konkursmasse, restaurierte und erweiterte die Anlage um ein großzügiges 25-Meter-Schwimmbad, Wellnessbereich und einen unterirdischen Tunnel zwischen den beiden Flügeln mit Gästezimmern und Suiten, insgesamt sechsundsechzig. Kosten: geschätzte dreißig Millionen Euro. Es gibt sie zum Glück immer wieder, die hotelbegeisterten Investoren, die sich mit einem Haus dieser Art schmücken. Ich habe sie rund um den Erdball getroffen und die unterschiedlichen Objekte erlebt. Stets waren es ganz besondere Hotelideen und zugänglich gemachte Baudenkmäler.

Ein Fünf-Sterne-Hotel, das ist schon richtig, ist weit mehr als nur ein Bett für die Nacht. Doch einfach mal richtig ausschlafen können, in bequemen Treca-Betten in feiner Wäsche und leichten Daunen, ist ebenfalls als Genussargument erwähnenswert. Das fünfundsechzigköpfige Serviceteam wird von dem jungen Manager Karsten Wierig geführt. Kompromisslos stellt er den Gast in den Mittelpunkt.

Auch auf dem flachen Land werden die Gewinnerwartungen oft zum steilen Gipfel. Um eine ordentliche Auslastung auch schon in der Startphase zu garantieren, wurden zehn Arrangements von der Spa-Entdeckungsreise bis zum Golferlebnis in den unterschiedlichsten Spielklassen zusammengestellt. So kostet beispielsweise ein intensives Golftraining (einschließlich Pro, Leihschläger, einer Runde, die wahrlich mehr ist als ein „versauter Spaziergang“, wie Tucholsky meinte) mit zwei Übernachtungen und Genussabend 375 Euro – weniger als eine Nacht in einem Pariser Luxushotel.

Auch wer gar nichts Besonderes vorhat, ist hier perfekt aufgehoben. Tagesmotto: Füße hoch und die Seele baumeln lassen. Und nicht enttäuscht sein, wenn der Trick mit der Wildente auf dem Golfplatz nicht gelingt. Funktioniert eben nur bei Münchhausen.

# Design ist doch wichtiger als Service

## WO DAVID COULTHARD SEINE GÄSTE EMPFÄNGT

Flure im Hotel sind häufig düstere Gänge, ebenso oft lieblos gestaltet. Für Investoren sind sie unbezahlter Raum, der zu nichts anderem taugt, als die Verbindung zu Zimmern und Suiten zu schaffen. Ambiente und Wandschmuck? Ein hässliches Hinweisschild, wo welches Zimmer zu finden ist. Zum Glück gibt es hin und wieder das komplette Gegenteil, im „Columbus Hotel" in Monte Carlo beispielsweise.

Die Designerin Amanda Rosa sah eine wichtige Aufgabe darin, schöne Gänge als nahtlose Übergänge zu den Gästeräumen zu kreieren. Herrlich, das stimmt mich auf die private Atmosphäre ein, hier in der teuersten Region des alten Kontinents. Auf jeder der neun Etagen erfasst der erste Blick aus dem Fahrstuhl eine moderne, aber gemütliche Sitzecke mit Couch und Stühlen in Schwarz und Weiß, interessante Gemälde,

Grünpflanzen und weiße Orchideen. Darauf hat der Besitzer des Hauses, der Formel-1-Fahrer David Coulthard, persönlich Wert gelegt. Er ist einer von vielen Prominenten, die einerseits ihr Hotel als Hobby pflegen, mit diesem Haus aber auch eine geschickte Anlage fanden, denn das „Columbus" ist meist ausgebucht und damit höchst profitabel.

Die Gestaltung des Hotels, bei der das Licht zu einem ganz besonderen Designelement wurde, hat große Ähnlichkeit mit den Konzepten von Ian Schrager, die er im „Shore Club" und im „Delano" in Miami, im „Royalton" und „Hudson" in New York, im „Mondrian", Los Angeles, oder im Londoner „St. Martin's Lane" umgesetzt hat.

Wie bei Schrager (seine Ideen fand er in einer Gefängniszelle) ziehen das ganz besondere Design, die Lust am Extremen auch eine ungewöhnliche Gruppe von Gästen an. Coulthards „Columbus" ist Treffpunkt der Modewelt, der Kreativen, der Schönen, manchmal auch der Versponnenen, für alle, die eine Alternative zu den Traditionspalästen „Hermitage" oder „Hôtel de Paris" suchen.

Begrüßt werden wir von einem jungen Österreicher, der nichts mehr drauf hat von dem Schmäh der alten Generation im Wiener „Imperial" oder „Bristol" („Grüß Gott, Herr Hofrat, küss die Hand, Frau Professor.")

Coulthard spielt einmal im Jahr selber den Empfangschef, zum Monaco Grand Prix für die anreisenden Kollegen. Wenn der Rennzirkus hier seinen glamourösen Stopp macht, rückt das etwas abgelegene 180-Zimmer-Haus im Stadtteil Fontvielle in den Mittelpunkt. Mein Zimmer 903 bietet einen angenehmen Balkon mit weißen Liegen und einer schönen Sitzecke hoch über dem neuen Hafen. Um das Meer zu sehen, muss ich mich in die linke äußere Ecke drängen. Leider spektakelt ein Ärgernis gleich um die Ecke: der Heliport. Selbst bei geschlossenen Fenstern stört der nervende Lärm.

Worüber wird am wenigsten bei Hotelbewertungen gesprochen und geschrieben? Über das Bett für die Nacht. Im Coulthard-Domizil sind auch die Schlafstätten wirklich erwähnenswert, fein ist die Wäsche, vorzüglich die Matratze. Insgesamt wäre das Hotel, das zu den Individualistenhäusern gehört, wie das kleine „Château de Bagnols“ (nahe Lyon) oder die „Villa Bellrose“ in St. Tropez, eine echte Spitzenadresse, wäre der Service so geschliffen wie das Design. Doch das ist der Pferdefuß. Mein 6.30-Uhr-Weckruf wurde glatt vergessen. Ein Glück, dass ich wach war. Der zweite Servicegang zum Aufdecken am Abend? Fehlanzeige, auf Nachfrage nur Schulterzucken. Beim Frühstück hatte ich ins Croissant gebissen, konnte es aber nicht zurück auf den Teller legen, der war mir von der

Seite mit Schwung entrissen worden. Dann meine Frage: „Darf ich noch ein Tässchen Kaffee haben?“ Die Antwort des Kellners mit kurzem Fingerzeig: „Der ist in der Kanne.“

Monacos Grandhotel aus der Belle Époque, das „Hôtel de Paris“, ist da das exakte Gegenteil: Ein leicht angestaubter, aber stilechter Palast, der bereits 1864 zum „besten Hotel der Welt“ gekürt wurde (solche Superlative gab es damals schon). Von Anfang an sollte es vor allem den Spielern des schräg gegenüberliegenden weltberühmten Kasinos höchst komfortable Unterkunft bieten. Der Kasinodirektor hatte dem Interieur Designer keine Kostenauflagen gemacht.

Der Mann konnte gut großzügig sein, damals wie heute gewann und gewinnt immer Monsieur Weiß (Blanc). Im „Hôtel de Paris“ werden noch die Schuhe der Gäste geputzt und im Weidenkörbchen zurückgegeben, der zweite Servicegang am Abend wird sorgfältig durchgeführt und alle Speisen (nicht nur die im sündhaft teuren „Louis XV.“) auf edelstem Porzellan serviert.

Beide Hotels haben wenig mit schnödem Schlaf zu tun. So unterschiedlich sie auch sind, bei beiden gilt das Motto der Herbergskunst: Ein Tag im Hotel muss wie ein guter Kinofilm ablaufen, das turbulente Flair einer perfekt inszenierten Bühnenshow bieten. Was er dabei sehen möchte, bestimmt allein der Gast.

# Wieviel Hotel braucht der Mensch?

## GOLDENE WASSERHÄHNE ODER EIN ANGENEHMES BETT FÜR DIE NACHT

Zahlendreher unmöglich. Einfach zu merken war die Zimmernummer des 80-Euro-Domizils im Frankfurter Drei-Sterne-Hotel: dreimal die Eins, 111. Für den Preis gab es alles, was man braucht, ein Bett, einen Schrank, einen Fernseher (winzig), einen Fön, ein Telefon, eine Dusche, zwei Handtücher, Seifenschaum aus der Pressdose. Was es nicht gab? Grünpflanzen, Blumen, Schuhputzdienst, zweiter Servicegang am Abend, kein Aufbügeln, keine Getränke auf dem Zimmer, kein Eis, kein liebenswertes Bedienen, kein freundliches Wort.

Kontrastprogramm: Im dreihundert Jahre alten Barockschloss Bensberg, das der rheinische Kurfürst einst erbauen ließ und das heute ein Grandhotel feinster Art ist, steht der Gast im Mittelpunkt. Den Mitarbeitern, vom Portier über den Concierge, vom Housekeeping bis zum Zimmerservice, gelingt es, die Erwartungen noch zu übertreffen. Das Zimmer duftet wie eine Frühlingswiese, Schnittblumen auf dem Tisch und Orchideen im Bad. Am Abend werden Handtücher gewechselt, das Bett aufgeschlagen, der Vorhang zugezogen, ein Betthupferl neben der Wetterprognose auf dem Nachttisch platziert, dazu Mineralwasser und Aspirin (man weiß ja nie).

Am nächsten Morgen blitzen die polierten Schuhe neben der Tageszeitung vor der Tür, kommt der Roomservice auf die Minute genau, richtet ein Frühstück mit frischem Obst, duftenden Backwaren, Lachs, Schinken, Käse und Marmelade an. Wieviel Hotel und Service braucht der Reisende, um glücklich zu sein? „Man umgebe mich mit Luxus, auf das Notwendige kann ich verzichten", sagte Oscar Wilde. Das hört natürlich jeder Grandhotelier gern, aber beim Versuch zu definieren, was Luxus im Hotel ist, fängt das Dilemma schon an.

Eine prachtvolle Fassade, eine pompöse Ausstattung allein machen noch kein Luxushotel. Wer aus einer der dunklen Seitenstraßen nahe am Chao Phraya plötzlich vor dem „Oriental" in Bangkok steht, wird erst einmal enttäuscht sein. Eine so bescheidene Kombination von Bauwerken hat er sich nicht vorgestellt, wenn er das möglicherweise beste Luxushotel der Welt erwartet. Erst der Service, die Art und

Weise, wie der Gast umhegt wird, erst wenn das spürbar wird, was so gern als die Seele des Hotels dargetan wird, offenbart sich die ganze Klasse.

Der Service im hoch gelobten „Ritz“, Paris, wo die Dachkammer mehr als fünfhundert Euro kostet, ist in der Sammlung erlebter Erfahrungen ein trauriges Beispiel dafür, dass der Gast nicht im Mittelpunkt, sondern dem Personal nur im Weg steht. Schade, bei dem Glanz dieses wundervollen Domizils mit einer Geschichte, die 1898 ihren Ausgangspunkt fand. Damals hatte der ehemalige Küchenjunge und Etagenkellner Cäsar Ritz einen der schönsten Pariser Adelspaläste gekauft und zu einer Nobelherberge ausgebaut.

Ein gutes Gegenbeispiel zum „Ritz“ ist das „Vier Jahreszeiten“ in Hamburg, eigentlich ein alter Kasten, unabhängig davon, dass ständig renoviert und verbessert wird. Luxus wird in diesem und in einigen anderen Fünf-Sterne-Hotels nicht mit Protz und Prunk präsentiert, sondern durch eine Vielzahl edler Details, die sich zu einem Mosaik zusammenfügen. Besonders wertvolle Wäsche, feines Geschirr, Blumenschmuck, aber noch viel mehr die Ausrichtung der Mitarbeiter, den Gast zu umsorgen, ihm alle Mühe abzunehmen. First-Class-Service schließt aus, dass ich mir selbst Eis hole und mit einer streng riechenden Creme die Schuhe selber putze, was zu Hause ein durchaus angenehmer Vorgang sein kann.

Die totale Garantie für fehlerfreie Abläufe liefert freilich auch ein so genanntes Luxushotel nicht. Neulich hatte ich meine Schuhe zum Putzen vor die Tür gestellt. Am nächsten Morgen war das bereitgelegte Trinkgeld kassiert, die Schuhe aber blieben ungeputzt, dafür lagen Schwämmchen und Poliertuch im Kasten. *Do it yourself.* Nur eine Randnotiz.

Wenn Hotels zum vorübergehenden Lebensmittelpunkt werden, stören die lieblose Ausstattung, der eingesparte Blumengruß, unwilliger Service, Renovierungsstau, mühseliges Einchecken, Warten aufs Gepäck (länger als zehn Minuten) und vor allem der schlechte F&B-Bereich (Essen und Trinken) besonders. Luxus im Hotel ist eine Form, die wenig zu tun hat mit Kronleuchtern und vergoldeten Wasserhähnen, mit Kaviar und Mouton-Rothschild, sondern sehr viel mit Menschen, mit Qualität und Schulung der Mitarbeiter. Luxus ist eine persönliche Investition: „Die Probe eines Genusses ist die Erinnerung“, sagte bereits der Schriftsteller Jean Paul im 18. Jahrhundert. Da hat sich nichts, rein gar nichts verändert.

# Swing am Abend – Alarm in der Nacht

## NICHT NUR WEGEN DER FINANZEN NACH ZÜRICH

Das Spiel der unbeschreiblich graziösen Elfen, die da nackt auf der Wiese tanzten, mit wehendem Haar und wippenden Brüsten, wurde abrupt durch jaulende Sirenentöne beendet. Ohne Übergang löste die Wirklichkeit den Traum ab. Ich war zu Gast in Zürichs neuem Superhotel, dem „Park Hyatt", schlief wie ein Murmeltier und träumte in meinem kuscheligen Kingsize-Bett, als der Feueralarm durchs Haus gellte. Ein hektischer Sprung aus dem Bett, der Griff nach der Kleidung. Später stellte sich heraus, die Aufregung war total überflüssig. Es bestand zu keinem Zeitpunkt eine Gefahr. Ein betrunkener Gast hatte die Sirene ausgelöst. Beispielhaft entschuldigte sich die Rezeption bei den Gästen, obwohl das Hotel nun wirklich keine Schuld an der nächtlichen Störung hatte. Ganz gleich, ein erneutes Einschlafen fiel schwer.

Die barsche Unterbrechung im totalen Wohlfühlprogramm blieb das einzige kleine Ärgernis während des Aufenthalts in dem wegweisenden Domizil. Das „Park Hyatt" führt optisch vor, wie Zürich auf dem Weg zur modernen Lifestylemetropole im Herzen Europas wird. Bis zu siebenhundert Menschen drängen Abend für Abend in die „Onyxbar" des Hotels, sinken in weiche Sessel, stehen am Tresen oder lagern auf wertvollen Kissen. Alle Altersklassen sind vertreten, viel Jungvolk, die Anlagestrategen der Banken, ihre Kunden, die Zürich einst nur als Hort des Geldes und heute auch als Genuss- und attraktive Shoppingstadt nutzen. Die große Lobbylounge ist ebenfalls restlos ausgebucht. Geduldig warten Gäste in einer langen Schlange auf einen frei werdenden Platz. Das sind Bilder, von denen Hoteliers in Deutschland, speziell in der Hauptstadt Berlin, nur träumen, so wie ich von tanzenden Elfen.

Die 142 Zimmer und Suiten, das kleinste ist noch ausgefallene vierzig Quadratmeter groß, in diesem sechsgeschossigen, gläsernen Kubus mit der nüchternen Fassade, sind mit viel Holz und in warmen Erdtönen gestaltet. Nichts ist „plüschi", nichts Hotelbarock. Dabei wird überzeugend demonstriert, dass modernes Design durchaus wohnlich und warm sein kann. Etwas, das die Vorreiter der Designhotels, Ian Schrager mit seinem Gestalter Philippe Starck, in den USA nie geschafft haben. In seinen Häusern, stets ganz in Weiß, dringt die Kälte bis tief ins Gemäuer.

Bernd Chorengel, der Hyatt-Dirigent, hat hier in der Beethovenstraße vor allem die Bäder derart gestalten lassen, dass sie seine Vorgabe „sinnlich“ erfüllen: Geräumig, edle Materialien wie Nerissimo-Marmor. Fußboden- und Waschtischplatten aus diesem schönen, im warmen Licht changierenden Material, die Rückwand verspiegelt, extra tiefe Badewannen und eine Dusche wie ein Wasserfall. Wo Platz ist, sind Liege- und Sitzflächen gebaut. Glaskünstler haben in der Lounge Akzente gesetzt. Ein Bambushain trennt die Rezeption ab. In der offenen Showküche zum Restaurant „Parkhuus“, ebenfalls ein Chorengel-Element, lassen die Köche nicht um zehn die Pfannen fallen, sondern zaubern bis tief in die Nacht. Alles neu, nicht nur Formen, Licht, Stahl und Steine.

Früher habe ich bei Besuchen in der Stadt der notorisch tiefen Zinsen stets in den Betten der klassischen Herbergen des alten Zürichs geschlafen. Im „Dolder Grand“, das vor wenigen Wochen die Kopfkissen, das Bettzeug, eigentlich alles, womit ein Hotel ausgestattet ist, versteigert hat und in den nächsten zwei Jahren völlig neu gebaut wird. Auch im Traditionshaus „Baur au Lac“, in dem der Direktor ein direkter Nachkomme des legendären Cäsar Ritz ist, wurde die

Schweizer Hoteltradition gepflegt. Das war die Zeit, als die Kunden der Ober-, Halb- und Unterwelt neben den Finanzgeschäften gerade noch mal im Paradecafé „Sprüngli" den Café Creme genossen und sich wieder absetzten.

Alles andere war in der damals so verklemmten Zwingli-Stadt mit der weltweit proportional dichtesten Konzentration an Therapeuten und Therapien zum Gähnen. Inzwischen ist die Atmosphäre swingend, sind rund fünfzig Bars zum Teil bis in die Früh gut besucht, pflegen Boulevardcafés mediterrane Kultur, blühen Designhotels wie nirgendwo sonst – das Hotel „Zürichberg" beispielsweise oder das Hotel „Rigihof" im Bauhausstil wurden aufwändig renoviert. Mit dem Flaggschiff der neuen Art, dem „Park Hyatt", das mit einundneunzig großformatigen Kunstwerken in den öffentlichen Räumen gleichzeitig ein kleines Museum of Modern Art ist, wird der Trend gekrönt. Für Hotelinvestoren, die irgendwo in Europa ein modernes Hotel planen, ist das „Hyatt" zum Pilgerziel geworden.

# Gäste sind nötig, stören aber doch

## WARUM FINDET MAN SERVICE MIT HERZ SO SELTEN

Warum nur findet man Service mit Herz so selten? Frühstückszeit im Hotelrestaurant eines der renommiertesten Karibik-Ferienresorts auf Jamaika. Eitle Lakaien schwirren mit wichtiger Miene an den Gästen vorbei, als stünden sie selber im Mittelpunkt, wie Stars, die von Autogrammjägern nicht belästigt werden möchten. Ein Servicemann kehrt den Fußboden. Unverständnis im Blick, dass da irgendwelche Menschen im Weg sitzen. Ich denke, der Tag könnte so schön beginnen, wenn er seine Arbeit vor unserem Eintreffen getan hätte. Der Mann wirbelt Staub auf, zieht seine Kreise immer enger um unseren Tisch, schließlich fragt er unverblümt: „Wie lange gedenken Sie noch zu frühstücken, ich muss fertig werden."

Unwillkürlich fällt mir der saloppe Branchenwitz ein: Der Gast steht immer im Mittelpunkt (behaupten doch regelmäßig Restaurantbesitzer und Hoteliers) – und dabei stets im Weg. Nun weiß ich genau, was damit gemeint ist. Hier trifft der Spruch ins Schwarze.

Nun, lachen Sie nicht zu früh, ähnliches kann Ihnen in unseren Breiten ebenso passieren. Im Hotel „Colosseo“ (Europa-Park Rust bei Freiburg), angestrebte fünf Sterne, Luxusklasse also. Von der Optik ganz auf alte Römer getrimmt, das Personal läuft nur in gelb-roten Togen gekleidet, die Flure in auf alt getrimmte Katakomben verfremdet. Insgesamt ein wahres Kinderparadies, aber ungewollt auch ein Schulungshotel für die Branche. „Seht her, vieles, was ihr hier erlebt, sollt ihr in eurem Haus unbedingt vermeiden.“ Also fragte ich eine „Römerin“: „Wo ist denn das Frühstücksrestaurant?“ Sie weist mit dem Arm in eine Richtung. Behutsames Nachfragen: „Die Treppe hoch oder geradeaus?“ Die Antwort unwillig: „Immer meinem Finger nach!“ Kein Eskortieren, keine Freundlichkeit. Im Restaurant zwischen Säulen und Heldenfiguren wurde ich angesprochen, nicht mit „Guten Morgen!“ oder mit dem Kaffeeangebot, sondern knapp: „Frühstücksgutschein?!“ – „Oh, der liegt im Zimmer.“ – „Dann müssen Sie ihn holen.“ Ob in diesem Hotel so genannten Fünf-Sterne-Hotel je geschult wurde?

Im Berliner „Marriott“ (amerikanischer Konzern mit 2 718 Hotels und 490 564 Gästezimmern) führte die Kellnerin mit Verzweiflung die Schlacht gegen einen Cabernet-Sauvignon-Korken mit Drehen, Ziehen und vollem Körpereinsatz. Sie gewann den Krieg, besiegte aber nicht den Korken. Sie glaubte sich unbeobachtet und stieß mit dem Zeigefinger den zerbröselten Rest in die Flasche, wollte einschenken und es sprudelten Korkreste ins Glas.

Zum Thema Korken habe ich in unserer pulsierenden Hauptstadt noch einen zweiten Hinweis bekommen, der sich lohnt, festgehalten zu werden. Die Begebenheit aus dem Drei-Sterne-Ku'damm-Hotel klingt wie aus der „Kollege kommt gleich!"-Witzekollektion: „Mein Herr", sagte der Kellner tatsächlich mit empörtem Augenaufschlag, „unser offener Hauswein kann gar nicht nach Kork schmecken – er kommt aus einer Flasche mit Schraubverschluss."

Im selbsternannten Vier-Sterne-Plus-Kettenhotel in München stehen Plastikeimerchen auf dem Frühstückstisch für leergegessene Margarinedöschen, Obstschalen und Leberwurstpellen. „Guten Morgen" steht darauf, als Ersatz für persönliche Ansprache, und der Hinweis, auf den sonst niemand gekommen wäre: „Für den Abfall". So wird am Personal gespart.

Nun glauben Sie nicht, dass, wer viel reist, auch gleich zum Nörgler wird. Viel angenehmer sind die Lobgesänge auf Hotels, in denen der Gast tatsächlich noch König ist. Neben den üblichen „Verdächtigen“ erlebte ich das gerade auf einer Insel, die eher für unkomplizierte Günstigangebote steht, um den Begriff „Billighotels“ zu vermeiden. Ausgerechnet auf Gran Canaria fand ich ein Hotel, in dem der Gast noch seine Wünsche erfüllt bekommt, bevor er sie ausgesprochen hat. Theo Gerlach ist der Besitzer des Grandhotels „Residencia“, das er wie seinen Augapfel hütet, indem er sich um alles selber kümmert.

Er kontrolliert das vorzügliche Frühstücksbüfett mit schnellem Blick, probiert mittags die Fischqualität am Poolgrill, marschiert am Abend schnurstracks in die Küche, wenn die Brigade die Gäste zu lange warten lässt. In seinem Hotel gibt es den immer häufiger eingesparten zweiten Servicegang am Abend mit Aufdecken und Handtuchwechsel. Als einstiger Quereinsteiger in die Hotellerie kennt Gerlach den Erfinder des Grandhotels, Cäsar Ritz, der schon um die Jahrhundertwende all diese Punkte zur Philosophie zusammenfügte, nur vom Hörensagen. Dessen einzigartige Ausrichtung („Der Gast sei dem Gastgeber heilig.“) setzt Gerlach aus Überzeugung voll um: Service mit Herz.

# Die Nacht, als die Vögel rückwärts flogen

## DIE BÜHLERHÖHE ÜBERSTAND ORKANE UND DEN STURM DER SCHEICHS

Unendlichkeit der Ozeane, stille Seen, Leben auf dem Fluss, prasselnde Wasserfälle: Zwei Drittel aller weit über tausend Folgen, die das amerikanische Reisemagazin „Condé Nast Traveler“ von Hotels in aller Welt präsentierte, die *A room with a view,* ein Hotelzimmer mit herrlichem Ausblick, zeigen, finden am, über oder unter dem Wasser statt. Das ewige Meer überträgt Ruhe, ist stiller Genuss, wird nie langweilig. Doch es sind nicht nur die Hotels mit Blick auf Wellen und Silberflitter, es gibt auch andere Motive, die schön und aufregend sind, Lebensmut und Kraft vermitteln. Naturbrillanz im Zimmerpreis inklusive. Hohe Tannen, scharf gezeichnete Berge, malerische Orte, wie für Romantiker geschaffen, begeistern mich in Baden. Die Zimmer auf der Frontseite des „Schlosshotels Bühlerhöhe“ öffnen das Fenster zum Hochschwarzwald mit freier Sicht bis in die Rheinebene und zur Elsass-Metropole Straßburg. Zimmer 324, zwar ohne Balkon, aber mit Rundumoptik, ist mein Lieblingsdomizil, eine Oase der Ruhe und „Basislager" beim medizinischen Check-up in der von Max Grundig angegliederten Klinik.

Es ist noch nicht lange her, da versperrten hohe Bäume mit gewaltigen Ästen den Blick. Bis der Orkan „Lothar" die obersten Baumreihen komplett entwurzelte und abräumte. Die Natur ist brutal, kein Mensch hätte die gigantischen Lebensbäume beseitigen dürfen. Es war die

Nacht, als die Vögel rückwärts flogen und das Personal Schafe und Esel auf schnell gezimmerten Holztragen ins Haus schleppten, weil sie im Streichelzoo hilflos durch die Gegend geschleudert wurden. Alles war schlimm, doch seitdem genießt man die unverstellte Aussicht der romantischen Art.

Die „Bühlerhöhe" wirft die Frage auf: Was macht eigentlich ein Spitzenhotel aus und wo ist der Unterschied zu den anderen recht guten Adressen? Die Betonung der entscheidenden Vorzüge wurde von den großen Pionieren der Übernachtungsbranche unterschiedlich festgelegt. „Der Gast sei dem Gastgeber heilig", wie Cäsar Ritz, der Erfinder der Grandhotels, die elementare Servicebereitschaft beschrieb, hat gewiss für Hotels aller Kategorien Richtigkeit. Doch Conrad Hiltons entscheidende Beschreibung *location, location,* erst der Standort macht die wahre Klasse, trifft für Genusshotels, die nicht in den Zentren liegen und die der Gast gezielt ansteuern muss, gewiss nicht zu. Ganz besonders gilt das für die „Bühlerhöhe", die irgendwo im Niemandsland zwischen Baden-Baden und Baiersbronn den Schwarzwald krönt. So gesehen ist es auch hier der Standort, der die Basis für das Ungewöhnliche schafft. Adenauer, der große Alte, pflegte zu sagen, er brauche die Abgeschiedenheit der „Bühlerhöhe", „um für seine Mitmenschen wieder erträglich zu werden".

Nichts altert schneller als ein Hotel, das nicht ständig mit „Frischzellen" versorgt wird. Das Grandhotel war bis 1989 von Max Grundig mit 80-Millionen-Euro-Aufwand aufgepäppelt worden. Die Nach-Grundig-Zeit wurde für das Paradehotel zu einer Reise mit Irrungen und Wirrungen, mit wechselndem Management und Serviceeinbrüchen. Jetzt ist das Domizil im 18-Hektar-Park wieder obenauf, wird in Teilabschnitten ständig renoviert. Unter dem heutigen Besitzer Dietmar Hopp (SAP) von wirtschaftlichen Zwängen weitgehend befreit, brilliert das Haus. Spa-Bereich, Schönheits- und Fitnessangebote gehören zu den besten im Lande. Ungewöhnlich ist das Panoramaschwimmbad, wie eine Rundbühne auf Granitsteinsockel gebaut. Der einst bitterböse, heute freundschaftlich geführte Konkurrenzkampf mit „Brenner's Park-Hotel" sieht wechselnde Etappensieger.

Von den Scheichs werden beide Hotels geliebt. Bei meinem Besuch rückten gerade drei große Limousinen aus, um einen Scheich aus den Emiraten und seine sieben Begleiter am Bahnhof Baden-Baden abzuholen. Der gecharterte Sonderzug rollte ein, mit zwei Anhängern voll Louis-Vuitton-Gepäck. In Windeseile wurden vier große Lieferwagen und zwanzig Mitarbeiter zum Einräumen organisiert. Dabei blieben die arabischen Gäste nur zwei Nächte ...

# Heiße Sexszenen bei Tisch

## IM GRANDHOTEL LAGONISSI LIEF DAS VORSPIEL ZUR GEMÜSEPLATTE

Kluge Erkenntnisse bedeutender Visionäre waren mehr als einmal richtungweisend für eine ganze Branche. *Hospes hospiti sacer,* hat Cäsar Ritz aufgeschrieben und zu seiner Zeit immer wieder gepredigt: „Der Gast sei dem Gastgeber heilig.“ Kein Mensch weiß heute allerdings so genau, ob der Hotelpionier diesen Satz mit oder ohne Hintergedanken formuliert hat.

Da *hospes* beides heißen kann, Gastgeber und Gast, wäre auch die Umkehrung des Spruchs möglich. Der große alte Mann hatte schon im 19. Jahrhundert erkannt, dass nicht nur Ambiente, sondern auch die Gäste für die Atmosphäre im Hotel verantwortlich sind. Ganz gewiss ist, dass der Erfinder der Grandhotels natürlich erst einmal den warmherzigen und sehr persönlichen Service einforderte, den der Kunde im ordentlichen Übernachtungsbetrieb erwarten kann. Wahrscheinlich hat er darüber hinaus mit listigem Seitenblick oder grimmiger Kritik, höflich verpackt, in jedem Fall mit Augenzwinkern, wie es so seine Art war, auch das ärgerliche Fehlverhalten etlicher Gäste mit einbezogen.

Vielleicht ist es ein Glück, dass Cäsar Ritz nicht mehr erlebt hat, welche Blüten diese Entwicklung heutzutage treibt. Viele Gäste glauben, mit der Begleichung einer hohen Rechnung automatisch das Recht einzukaufen, keine Rücksicht auf andere nehmen zu müssen und wie die Axt im Walde agieren zu dürfen. In schwierigen Zeiten wird die oft Not leidende Luxushotellerie von diesen speziellen Kunden geradezu erpresst. Alltagslosung: Akzeptiert gefälligst mein Verhalten, oder ihr verliert mich als Gast.

Auftritte dieser Art erleben Sie leider überall, und sie sind störend wie Gallensteine. Nehmen Sie ein Beispiel, das ich in Griechenland zur Olympiazeit erlebte. Eines der weltweit teuersten Resorthotels wurde da zur abendlichen Bühne. „Aphrodite" ist der Name des Restaurants im Grand Resort „Lagonissi", mit freiem Blick aufs Meer und feinem Ambiente. Aus der Royal Suite (24 000 Euro die Nacht, Sie haben richtig gelesen) kommt der Gast aus Russland, ein Durchschnittstyp bis auf das Hemd, das zur Hälfte rot gestreift ist, die andere Hälfte mit Schachbrettmuster. Die Begleiterin mit blonder

Löwenmähne in pinkfarbener hauchzarter Hose, auf die Haut geschneidert, dazu ein winziges, bauchfreies Träger-Shirt. Sie küsst ihn ungeniert über den Tisch und greift dann unter die Tischdecke ... Das gut geschulte Personal zieht sich betreten zurück, versucht die peinliche Situation zu übergehen. Stilvoll und gekonnt wird serviert. Die Lady in Pink packt das Weinglas am obersten Rand wie man die Haltestange im Flughafenbus hält, trinkt über den Daumen, schnappt sich dann die Gabel wie einen Meucheldolch. Es stört ihn nicht im Geringsten. Doch an den Tischen im Umfeld ist es still geworden. Er raucht ungeniert, während er isst, legt die Zigarette auf seinem Gemüseteller ab. Schließlich schiebt er einen großen Geldschein unter den Brotkorb. Der *tip* für die Bedienung. Nun gibt es doch wirklich nichts mehr zu sagen, oder?

Am nächsten Morgen unter griechisch blauem Himmel ist für andere Gäste die Stunde des „Aufladens“ gekommen. Am Frühstücksbüfett bauen sie Pyramiden aus Eierspeisen, gezuckerten Erdbeeren, Waffeln über gegrillten Frühstückswürstchen auf den Teller, Lachs und Mayonnaise als Spitze. Die Demontage erfolgt mit dem Suppenlöffel. Es fällt schwer, nicht hinzuschauen. Tischkultur?

Weltweit operieren so vorzügliche Hotelfachschulen wie die Cornell im State New York, in Lausanne oder Heidelberg. Leider gibt es noch keine Schule, die das Lehrziel „kultiviertere Gäste“ hat. Ein Kurzlehrgang schon würde die Talente der Löwenmähne mit dem Pinkhöschen durch Manieren ergänzen. Vielleicht gäbe es die Chance, so manchen Topkunden, der locker die Rechnung in Immobilienhöhe zahlt, auch allgemein verträglicher zu machen.

Ansätze zur „ersten Hilfe“ sind da: Benimmseminare für jedermann, Etiketteschulungen und Fibeln, wie sie einst Knigge schrieb, von Elisabeth Bonneau. Auch der hoch angesehene Hotelier Hermann Bareiss hat ein Buch über ordentliches Verhalten bei Tisch geschrieben und dazu „Wie isst man das?“ Danach geht es locker zum Serviettentest. Die Krux ist nur: Die es am meisten angeht, denken nicht im Traum daran, über so ein Thema nachzudenken. So passiert es halt, wie im „Lagonissi“, dass das so gediegen gestaltete Ambiente für angenehme Atmosphäre sorgen könnte, gäbe es die passenden Gäste.

# Ein stilles Glück in der Provence

## FEINSTE LEBENSART MIT LAVENDELDUFT IN TERRE BLANCHE

Zu den unterschiedlichsten und manchmal recht eigenwilligen Bildern, mit denen immer wieder versucht wird, den Begriff „Luxus" darzustellen, habe ich ein sehr persönliches in die Galerie gehängt: Die Darstellung eines Hortes der totalen Stille. Ruhe, ohne jede Störung. Wo? Ich sitze auf der Terrasse einer Villa im jüngsten Four-Seasons-Resort „Terre Blanche", nahe Tourrettes mitten in der Provence, fünfundvierzig Autominuten vom Flughafen Nizza. Der Kaffee ist serviert, das wunderbar duftende, gerade gebackene Olivenbrot mit Kräuterfrischkäse belegt.

Es ist früh am Morgen, die Sonne lugt gerade über die Berge, die Zikaden haben ihr Nachtkonzert beendet und nun gibt es nichts als die angenehme, totale Stille, die Seelenfrieden beschert. Kein Motor brummt in der Ferne, kein

Rasenmäher nervt. Der Pulsschlag unserer hektischen Zeit beruhigt sich, heimliche Sehnsucht wird in „Terre Blanche" gestillt.

Auch die anderen Züge des Luxus findet man in diesem Resort gebündelt. Für viele ist großzügiger Platz im Hotel oder im Privatbereich besonders wichtig. Lebensraum ohne knappe Abmessungen. Ambiente, das Atmo-

sphäre schafft, leiser, unaufdringlicher Service. Luxus, das ist auch die Zeit, die man sich schenkt. Hier gibt es keinen Tagesplan mit Veranstaltungen und Essenszeiten. Nichts ist hektisch oder überhitzt wie in vielen Spaßhotels. Natürlich zählen zum besonderen Komfort wie immer auch die Dinge dazu, die man nicht zwingend zum Leben braucht, die dafür aber unglaublich Freude machen.

Schließlich, nicht zu vergessen, die Idee, prächtige, unfrisierte Natur, wo auch immer auf der Welt, mit höchstem Komfort und zivilisatorischer Verfeinerung zu verbinden. Das gilt beispielsweise für exotische Hotelprojekte wie „Frégate Island“ (Seychellen) und den „K-Club“ auf Barbuda, wo sich die Natur allerdings mächtig wehrte und den mühsam in die Sandwüste gebauten Golfplatz zurückerobert hat. Dazu gehören auch die Lodges in der Wildnis wie „Singita“ in Südafrika, als Safari-Vorposten des Luxus.

Hier, in der Domäne „Terre Blanche“, soll der Gast die unverfälschte Provence genießen, das Parfüm aus Lavendel, Rosmarin, warmer Erde und süßem Holz. Das Hotel ist einem landestypischen Dorf nachempfunden, gebaut vom Milliardär und Hotelenthusiasten Dietmar Hopp (SAP-Chef). Sein Konzept fußt auf den angesprochenen Werten: zur Stille verschwenderisch große Räume. Nicht nur in den Vorzeigesuiten, auch im Standardbereich mediterrane Materialien, Terrakottaböden, viel Holz, zurückhaltende Erdfarben, Terrassen mit Schirmen aus naturfarbenem Leinen.

Damit die Idee vom stillen Glück im Duft der Provence nicht ein Liebhaberobjekt bleibt, wurde Four Seasons als Betreibergesellschaft gewonnen. Die Gruppe verspricht bereits 2006 Gewinne. Die kanadischen Hotelspezialisten verfeinerten noch einmal den Edelclub in Südfrankreich, gestalteten die Terrassen neu, überarbeiteten das Interieur und sorgten für besonderen Genuss mit Speis und Trank. Die Küche ist klar besser als im nahen Zwei-Sterne-Tempel „Bastide St. Antoine" in Grasse. Das Dinner im „Traditions et Qualité"-Restaurant blieb für mich die einzige Enttäuschung eines überragenden Wochenendes.

Wie es für eine missratene Großwildfütterung für einhundertfünfzig Gäste zwei Michelin-Sterne geben kann, ist unbegreiflich. Das Kalbsbries war labbrig wie ein ausgewrungenes Fensterleder, die Rotbarbe schmeckte nach alten Fischstäbchen. Wir bestellten zwei Glas Champagner (weiß), serviert wurde Rosé mit dem Kommentar: „Den sollten Sie nehmen, der ist interessanter." Bevor Einspruch möglich war, verschwand der Kellner. Der Gipfel aber war die Geschmacksverirrung des Jahres: ausgelöste Austern jeweils auf einem Taler von Vanilleeis mit Cassissauce. Einfach zum Gruseln.

Spielen Sie Golf? Der Platz, von dem die Rede ist, heißt Château, weil bei etlichen Abschlägen das alte Schloss im Hintergrund steht.

Diese herrlichen, sattgrünen achtzehn Löcher gehören zu einem von zwei Plätzen, die das „Four Seasons“ bietet. Für alle, die das Martyrium mit dem kleinen genarbten Ball als Droge akzeptieren, gewiss eine der allerschönsten Möglichkeiten.

Auch hier finden Sie den typischen „Terre Blanche“-Service. Die Übungsbälle werden Ihnen in Säckchen serviert, auf dem Card ist eine Kühlbox montiert mit Getränken (kostenlos), zur Stärkung können Sie unterwegs mitgegebenes Olivenbrot kauen.

Oliven symbolisieren pralles Leben. Die Frucht könnte das Wappen von „Terre Blanche“ zieren. Olivenbäume stehen in der wilden, nicht auf Park getrimmten Landschaft, auf den Terrassen der Villen, in wuchtigen Kübeln gepflanzt, als kleine Zierbäumchen auf Restauranttischen und eben mit ganzen Früchten als Brot gebacken. Damit verbunden ist wieder ein Service, ganz typisch für die kanadische Hotelgruppe. Es reicht, ein einziges Mal mit Begeisterung von dieser Spezialität zu sprechen, schon wird das im Hotelsystem programmiert. Zum Frühstück, Lunch und am Abend steht fortan immer ein Körbchen mit dieser Köstlichkeit der Provence bereit, weil es umgehend in den „Steckbrief“ eingetragen wird, den es für alle Stammgäste gibt. Da wird festgehalten, ob Sie zwei Kopfkissen wollen, wie Sie Ihr Steak mögen, auch, welchen Wein Sie bevorzugen. Dazu ein paar persönliche Bemerkungen. In meiner Stammkarte las ich den Satz: Arbeitet für die „Welt am Sonntag“. Einordnung: Europas Qualitätszeitung Nummer eins am Wochenende. Stimmt.

# Wie verärgerte Gäste begeistert werden

## REKLAMATIONSHANDLING NACH AUSBLICK AUF BUSCHWERK UND BETON

Den blind gebuchten „Sonderpreis" von 175 Euro pro Nacht akzeptierten die Kölner Hochzeitsreisenden im „Kempinski" auf Rügen, bis sie das Produkt erlebten: Statt Ostseeblick vom Kopfkissen ein ebenerdiges Zimmer hinter Sträuchern. Nur Buschwerk und Beton, nicht Wasser und Weite. Ärgerlich auch der Schimmelpilz am Luftabzug im Bad, die fehlende Badewanne, der unhygienische Plastikvorhang an der Dusche. Den Direktor bekamen sie erst mal nicht zu sehen. Dann plauderte die Reservierungsmitarbeiterin fröhlich, dass diese Art von Zimmer eigentlich nur an Billigveranstalter abgegeben werden. Kapiert? Sie will sagen, schön, dass es blöde Gäste gibt.

Ein Beispiel, das bitter aufstößt, wenn man sich Gedanken über die klagende deutsche Hotellerie macht. So wie der tägliche Umgang mit muffigen Geizhälsen dem engagiertesten Kellner die Lust am Service vermiest, sind derartige Erlebnisse angetan, jede Freude am Hotel zu nehmen.

Mehr als die Hälfte der Vielreisenden klagt heute über viel zu hohe Übernachtungspreise in deutschen, vor allem aber internationalen Hotels. Aus diesem Grund sind sie in keinem Fall bereit, auch noch Fehler und Unfreundlichkeit beim Service hinzunehmen oder Ausstattungsmängel und Lärmbelästigungen zu dulden.

Doch diese Geschichte bekommt nun eine geradezu spektakuläre Wende. Das, was bei Schulungen unter dem Begriff „Reklamationsmanagement“ gepredigt, aber oft allzu schnell wieder vergessen wird, lief hier in vorbildlicher Weise ab.

Arild Sjödin, gebürtiger Norweger und bis vor wenigen Jahren im Baltikum beschäftigt, reagierte auf die bitterböse Beschwerde direkt und konsequent. Er lud die verprellten Gäste noch einmal ins Kempinski Resort Bel Air nach Binz ein und arrangierte geradezu mustergültig einen stilvollen Kurzurlaub. Damit sich endlich Wellenrauschen ins Bewusstsein schleichen konnte, gab's das beim ersten Mal vermisste Zimmer mit dem weiten Blick aufs Meer. Ein Dinner im Restaurant „Ruiani“ wurde arrangiert und Entspannung im Wellnessbereich vorgebucht. Alles war vorbereitet bis zum Strandkorb im samtenen Pudersand und da das Wetter noch mitspielte, gab es Hochglanzbilder wie bei Postkartengrüßen.

Alle damals vergessenen Details wie Allergikerbettwäsche und Blumenschmuck waren registriert und diesmal umgesetzt.

So geschah, was die Pioniere der Hotellerie in der Theorie gepredigt hatten, verärgerte Gäste wurden zu treuen Stammkunden „bekehrt". Ganz wichtig, wenn man berücksichtigt, dass Untersuchungen zeigen, dass zufriedene Hotelgäste durch ihre Darstellungen sieben bis zehn neue Kunden mobilisieren, unzufriedene aber die doppelte Zahl abschrecken. Reklamationshandling ist also auch eine ganz geschickte Marketingstrategie.

Selten handelt es sich bei Beschwerden um Katastrophen, es sind oft die kleinen Nervtöter, die die Stimmung im Hotel verhageln. So gilt das für fadenscheinige Entschuldigungen bei Pannen, das Haus sei gerade erst eröffnet und noch nicht komplett eingespielt. Ein Armutszeugnis: Wenn ein Hotel offiziell eröffnet ist, muss der Service perfekt funktionieren, ohne Wenn und Aber. Darum ist die wichtige Phase mit Schulung und Detailarbeit die Zeit der Voreröffnung *(Pre-Opening)*.

Der ehemalige Manager des „Elbow Beach" (Bermudas), heute ein Mandarin-Oriental-Hotel, kommentierte die Kundenbeschwerden, dass kein Roomservice installiert sei, das Café noch nicht fertig und das schlecht geschulte Personal den Gästen stets das Gefühl vermittle, dass sie lästig sind, mit: „Selber Schuld, wer im ersten Jahr eines Hotels eine Reservierung vornimmt." Es hagelte neunundvierzig Beschwerdebriefe.

Der Vorstand einer internationalen Gesellschaft gab dem Wagenmeister im „Grand Hotel du Cap" einen Zehn-Euro-Schein Trinkgeld. Der schaute ihn mitleidig an, sagte: „Wenn Sie so arm sind", und steckte ihm den Schein in die Jackentasche zurück. Soviel Unverschämtheit sollte bestraft werden.

Der Hamburger Hotelier Theo Gerlach hatte am Morgen seinen teuren Schlafanzug im Pariser „Ritz" vergessen. Als er am Nachmittag nachfragte, zuckten die Mitarbeiter mit den Schultern. „Man erklärte mir, der Schlafanzug sei so lumpig gewesen, dass man ihn gleich weggeworfen hätte. Mein neues Prachtstück, in dem ich eine einzige Nacht geschlafen hatte", beklagte der honorige Gast.

Allzu häufig funktioniert Reklamationsmanagement also doch nicht.

# Den Kläffer soll der Alligator holen

## DER STÖRENFRIED IM FRIEDVOLLEN GARTEN EDEN

Zufälle gibt's, die sind wie ein Augenzwinkern des Schicksals. Mit nie gezeigter Grimmigkeit war meine Frau in einen unbefristeten Hotelstreik getreten, wollte fortan wenigstens im Urlaub nicht mehr im Zwei-, maximal Drei-Tage-Rhythmus das Hotel wechseln, nur damit ich die Domizile kennenlerne. Schluss mit Koffer zu und auf, Auspacken, Einräumen. Parallel zur angespannten diplomatischen Lage lernte ich Heinz Lanig aus Neuburg an der Donau kennen, einen der großen Connaisseure und Experten für Edelzigarren im Lande, ein Zeremonienmeister des blauen Rauchs. Der, nun sagen Sie nicht „typisch deutsch", hatte drei Tage und drei Nächte im Wohnmobil vor dem Verkaufsbüro eines riesigen Komplexes mit Ferienappartements in Naples an der Westküste Floridas ausgeharrt. Denn wer vorn steht, bekommt halt den Zuschlag für die schönsten Wohnungen zum Meer. Das ist in Florida nicht anders als bei uns.

Lanig erwarb gleich drei, oberstes Stockwerk, traumhafte Lage. Die vermietet er nun an handverlesene Gäste. Erst einmal notgedrungen, dann aber zum Himmelhochjauchzen wurde eine dieser gut geschnittenen *condos* nun unser Feriendomizil für geliehenes Glück auf Zeit. Teure, aber angenehme fremde Betten.

Einmal nicht mehr ständig aufbrechen, dorthin zu gelangen, wo noch keiner war, von Dingen zu berichten, die so noch nie erzählt wurden, das Abschalten dieser wohl stärksten Triebkräfte des Reisens und dafür einen Wellenschlag Geborgenheit einzutauschen, das geriet zur neuen Erfahrung. Der Türgriff zur Ferienwohnung wurde leise Freund in meiner Hand. Die Natur nimmt kein Eintrittsgeld.

Aber man ist auch ohne Chance auf eine Zugabe in dieser Stunde zum Sonnenaufgang zwischen sechs und sieben am frühen Morgen. Da räkelt sich Elli, unser Hausalligator, auf seinem Stammplatz hinter dem Bootssteg. Da gleiten Weißkopfseeadler über die Kanäle zum Meer und rasten auf den roten Giebeldächern. Das Wasser ist noch spiegelglatt, bis sich die Manetis, Schwergewichte wie aus Urzeiten, ins Bild schieben. Die Seekühe grasen die Wasserpflanzen ab und ziehen gewaltige Lehmspuren hinter sich her. Auf dem Weg zum Meer springen Delphine ihr nicht aufgezwungenes Trainingsprogramm, tauchen, schnellen aus dem Wasser, schnattern. Ein Bild, das Frieden spürbar werden lässt. Doch dann kommt ein kleiner weißer Kläffer, zerreißt mit spitzem Bellen ganz hässlich die Stille und setzt beim Betrachter die böse Gedankenkette und Stichwortkombination in Gang: kleiner Hund, Elli, der Alligator, ein schnelles Schnappen, keine Spuren, Ruhe im Tierparadies.

Vor dem Frühstück marschiere ich täglich eine Stunde am Strand entlang. Ich begegne zwei Dutzend Pelikanen, dreimal so vielen Möwen, Reihern, Kormoranen, drei Delphinen und neun Menschen. Ein herrliches Verhältnis, nur ein paar Stunden später ist auch Naples' Strand überlaufen. Doch zu jener Stunde stellt sich das tiefe Gefühl der Zufriedenheit ein. Wenn Streben nach Glück unser Leben beherrscht, erschließen uns wenige andere Situationen derartige Möglichkeiten.

Wer von Florida spricht, hat hierzulande zumeist Bilder von der Ostküste vor Augen: Miami Beach, Boca Raton oder den Brückenschlag zu den Keys. Wem aber die dynamische Geschäftigkeit, der hektische Pulsschlag in diesem Teil des Sonnenstaates nicht behagt, wird sich an der Westküste weit wohler fühlen. Übrigens wächst mit jedem Jahr die Rivalität zwischen den Küstenregionen.

Die Bewohner auf der Golfseite erzählen gern eine Geschichte, die die heftige Touristik- und Immobilienkonkurrenz verdeutlicht: Es sei um die Weihnachtszeit passiert, als der Teufel sah, dass Gott durch Florida spazierte. Wenn ich ihm in den Weg springe und überrasche, dachte der Teufel, dann schenkt er mir in seiner Güte etwas zu Weihnachten. Also verbarg sich der Pferdefuß, sprang dann auf den Weg und sagte: „Was ist mit einem Weihnachtsgeschenk der Liebe?" Und Gott? Der soll kurz über die Schulter geblickt haben, bevor er antwortete: „Meinetwegen, nimm die Ostküste", und sich selber gut gelaunt auf den Weg zur Golfseite aufgemacht haben. Eine gemeine Story. Eine Dolchstoßlegende gegen den Osten. Wie auch immer, ich habe in Naples die Entspanntheit des Westens, die erholsame Trägheit genießen gelernt. „Das meiste haben wir gewöhnlich in der Zeit getan, in der wir meinen, nichts getan zu haben", hat ein kluger Mann gesagt. Ich habe verstanden: Allein Zeit ist die Seele der Welt.

# Die falsche Seite kann die richtige sein

## WOHNEN IN CLINTONS LIEBLINGSSUITE

Freute sich neulich ein amerikanischer Hotelier, er habe nach der ITB Deutschland bereist. Zuerst Wien, die bayerische Metropole, und dann dieses Schloss bei Füssen. Das sei ja wirklich eine hübsche Kopie von dem Castle in Disneyland. Es hieße Newswanstein oder so, und der Blick auf die Bergwelt sei ganz besonders schön. Nein, kein Scherz. Der Manager ist ansonsten ein kultivierter Mann, er hat studiert und meint allen Ernstes, was er sagt. Sprüche, die sprachlos machen.

Welchem „Original" würde unser Freund aus Florida wohl das Kölner Bilderbuchpanorama zuordnen – das wahrscheinlich schönste, das sich bei einen Blick aus einem deutschen Hotelfenster bietet: auf den Kölner Dom, den Rhein mit Schiffen der Weißen Flotte, die Hohenzollernbrücke mit Reiterstandbild, die bunten Häuschen der Altstadt? Alles wie aus der Abteilung Deutschland-

Romantik für die Auslandswerbung. Mit historischer Ignoranz mag man darin ja eine Hollywoodkulisse sehen oder das Ergebnis von Disneys Städtebauern zum Thema *Old Germany.* Wie auch immer: Diese Breitwandoptik bekommen die Hotelgäste im Kölner „Hyatt“ vom Fenster aus geboten. Bei der Einweihung vor sechzehn Jahren wurde kritisiert, dass dieses moderne und dennoch wohnliche Haus auf der falschen Rheinseite gebaut wurde (rechtsrheinisch). Doch schnell stellte sich heraus, dass man nur aus dieser Perspektive so viel ungeschminkte Schönheit des „hillige Köln“ zu sehen bekommt. Der Blick ist zwar ganz besonders aufregend aus den Suiten im sechsten Stock, aber gewiss nicht nur von dort zu genießen. Alle gerade sanft renovierten Zimmer (ohne den Gastbetrieb zu stören) zur Rheinseite sowie die Restaurants „Glashaus“ (zwanglos, unkonventionell) und „Graugans“ (fein) bieten die Inklusiveoptik. Im „Regency-Club“ sind die Tische konsequent zum Fenster ausgerichtet, damit zum Morgenkaffee mit Leberwurst-Röggelchen (Roggenbrötchen) eine erste Priese Rheinromantik inhaliert werden kann.

Nur damit kein falscher Eindruck entsteht: Es ist nicht allein der besondere Ausblick, ich fand das ganze Hotel ungewöhnlich angenehm. Bücher als Wandschmuck: Helmut Kohl füllt den Platz neben Goethe. Bill Clinton steht Seite an Seite mit Monets bekanntesten Werken im Hochglanzdruck. Rechts von Reagan ist nur die Wand und über ihm gibt es 1,65 Meter Literatur am laufenden Band über den Mann, der Kölns bekanntester Suite den Namen gab: John F. Kennedy. Im Volksmund heißt das 180 Quadratmeter große Domizil allerdings ausschließlich Clinton-Suite, seit der ehemalige US-Präsident hier wohnte. Und drecksfrech, wie die Kölner sind, behaupten sie, im Flur stehe seitdem Clintons Zigarrenschränkchen ... Die Suite der Superlative wird von Interieur Designern für jeden Gast immer wieder neu gestaltet und mit passenden Blumen geschmückt. Die Bibliothek, gegenüber dem großen offenen Kamin (von zwei Seiten nutzbar), ist eine Besonderheit für Hotelräume. Direkt über der optisch schönen Feuerstelle befindet sich das Flat-TV-Gerät mit Plasmabildschirm von der Größe einer Kinoleinwand.

Unabhängig von allen übrigen Extras – wie eigener Dampfsauna, Whirlpool mit Massagestrahlern, begehbaren Kleiderschränken, großer Esstafel für zwölf Personen und sechs Telefonen – ist neben dem schönen Blick aus dem Fenster die besondere Atmosphäre, die man allerdings auch in den Standardzimmern findet. Und wer wohnt in den stets präsentierten Prachträumen? Natürlich Geschäftsleute, die ungenannt bleiben wollen. Sie wissen schon, hoher Neidfaktor in Deutschland. Die Showstars haben damit weniger Probleme. Clinton folgten unter anderen Whitney

Houston, Mariah Carey, Justus Frantz, Chris de Burgh, Cher, Nigel Kennedy, Bryan Adams. Sie alle wurden von Butlern bedient, die heute bei Hyatt zum üblichen Paket der Topsuiten gehören.

Nach Berlin ist Köln deutschlandweit die Stadt mit dem heftigsten Hotelboom. Um 37 Prozent stieg die Zimmerzahl in den letzten zwei Jahren. Nach dem vorübergehenden Niedergang des Traditionshauses „Excelsior Hotel Ernst" ist das „Hyatt" auf der „schäl Sick", wie die Kölner zur rechten Rheinseite sagen, das absolut beste Domizil in der Stadt – die Althoff-Hotels im nahen Bergisch-Gladbach einmal nicht berücksichtigt.

Das internationale Reisemagazin „Condé Nast Traveler" hat über 1000 Folgen der Serie „Hotelzimmer mit besonderem Blick" veröffentlicht. In Deutschland gibt es wahrlich nicht allzu viele davon. Wenn das ein wichtiges Kriterium für Ihre persönliche Hotelwahl ist, sollten Sie sich einige weitere Empfehlungen notieren: den „Dorint Söl'ring Hof" auf Sylt, der nicht hinter der Düne, sondern auf der Düne steht und am Fenster das Gefühl vermittelt, man erlebe am Heck eines Kreuzfahrtschiffes die rauhe See. Spektakulär im Norden sind die Hamburger Hotels „Vier Jahreszeiten" mit der Alster als schöne Optik und „Louis C. Jacob" an der Elbe. Das hochgelegene „Schlosshotel Bühlerhöhe" holt den Schwarzwald als „Dekoration" in die Zimmer und das Berliner „Adlon" das Brandenburger Tor.

# Auf der Insel des Glücks

## FOUR SEASONS MODELL-RESORT AUF GREAT EXUMA

Kein Schiff wird kommen. Luxus auf den Meeren ist heute kein Thema, doch der maritime Begriff bringt den Eindruck meiner Reise auf den Punkt: Einschiffung auf eine Insel des Glücks. Auch wenn die völlig sorgenfreie Flucht aus dem Alltag in eine heile Urlaubswelt Illusion bleibt, habe ich die Kuschelpackung fürs Glücklichsein gefunden, eine Flugstunde vor Floridas Küste.

Gewiss, gewiss, etwas aufwändig ist mein Sonntagstipp für Genussreisende mit Schlafproblemen und Stressschäden schon, dafür aber besonders schön und erfolgversprechend durch den beruhigenden Wellenschlag des Meeres als Sound für süße Träume. Der morgendliche Blick vom Kopfkissen auf das Farbenspiel da draußen, von Türkis bis Tintenblau, verspricht vergnüglich einen unvergesslichen Tag auf Great Exuma.

Selbst erfahrene Weltenbummler treffen nicht häufig zielgenau ins Schwarze, wenn sie fixieren sollen, wo sie die Inselgruppe in den Weltmeeren vermuten. Exuma? Was wie ein Rheumamittel klingt, ist der Name einer Kette von Eilanden im südlichen Bogen der Bahamas, die mit ihren zumeist unbewohnten Keys wie ein Fingerzeig ins Karibische Meer aussehen.

Wenn Sie zu den anderthalb Millionen Landsleuten gehören, die Urlaub rund um Miami machen, ist Great Exuma nur einen Katzensprung (der gerade mal 250 Dollar kostet) entfernt. Die kleinen Propellermaschinen fliegen mehrmals täglich.

Four Seasons, die Spitzengruppe im Fünf-Sterne-Hotelbereich, hat hier eine neue Form von Cluburlaub der feinsten Art installiert und ist auf Anhieb höchst erfolgreich. Selbst die kleinsten der 183 Gästezimmer sind mit rund fünfzig Quadratmetern groß wie bei uns Juniorsuiten. Allein das ist schon ein gewaltiger Unterschied zu Clubkonzepten der üblichen Art. Und dann die Betten, Daunen oben, Daunen unten – was andere Hotelgruppen plakativ als Besonderheit herausstellen, ist für Four Seasons so selbstverständlich wie die geräuschlose Klimaanlage und der eigene kleine Strandabschnitt mit bequemen Liegen. Die Einrichtung ist elegant, der Service liebenswert und gut geschult (das erste Hotel auf den Bahamas, wo das der Fall ist). *Cabanas* und riesige Sonnenschirme in der Palmen- und Poollandschaft des Resorts in der Emerald Bay wirken wie Farbtupfer in türkis-weißer Unaufdringlichkeit.

Ein altgedienter Kapitän mit sonnengegerbtem Gesicht wie eine Mondlandschaft brachte mich mit seinem weißen Boot zur sieben Meilen entfernten Nachbarinsel Little Exuma. Im Wasser spiegelt sich eine Märchenwelt. Das alte Korallenriff wurde vor Urzeiten aus dem Meer gehoben und sorgt heute für ein einzigartiges Ökosystem entlang der blütenweißen Strände. Riesige Mantas gleiten ohne Scheu vorbei, Schildkröten stolpern über den Sand, dem Meer entgegen.

Ich hasse frömmeln, doch in diesen Augenblicken habe ich gelernt, aus voller Brust den Schöpfer zu preisen. Dieses Little Exuma ist wie eine Naturbühne mit den gesammelten Schönheiten des Erdballs: Felssäulen wie die zwölf Apostel vor Australiens Küste, geschliffene Steingiganten ähnlich denen auf den Seychellen und Strände einfach ohne Vergleich.

Manchmal treffen die Werbestrategen dann eben doch ins Schwarze. Das unwirklich schöne Titelfoto einer Hochglanzbroschüre, mit der die Bahamas Appetit auf ihre unbekannteren *outer islands* machen, zeigt den Saum des Atlantiks seidenzart und blütenweiß. Sonnenkringel tanzen im Gegenlicht. Der Himmel strahlt in einem makellosen Azur, wie wir es in Deutschland nur in einem Jahrhundertsommer erleben. Ein vergnügtes Pärchen sitzt am Strand und plätschert mit den Zehen im glasklaren Wasser. Ganz im Hintergrund, dort, wo der Himmel auf einem Spiegel zu ruhen scheint, reckt eine fotogene Palme in kühnem Schwung ihre grünen Wipfel übers Meer. Reklameromantik, Ferienkitsch? Nein, ausnahmsweise einmal realistische Alltagsoptik.

Weg mit der rosaroten Brille, ignorieren wir die mangosüßen Abende mit milder Brise und denken wir einmal sachlich an den Nutzwert und nicht ans Paradies. Was ist zu kritisieren, von den verdammt hohen Preisen einmal abgesehen (zur Saison ab 500 Dollar)?

Ich würde sagen, der gewiss traumhaft gelegene Golfplatz, der sich am Meer entlangwindet; für Könner mag das ein Erlebnis sein, für mich ist es Frustration pur. Auf den schmalen Bahnen, gerahmt von Buschwerk und Wasser, habe ich kistenweise Bälle verloren und versenkt. Das einzige Ärgernis. Ansonsten stimmt wirklich alles – von Bett bis Bar.

# Erwachen in Tausendundeiner Nacht

## ORIENTHOTELS IMMER TEURER UND IMPOSANTER

Die warmen Gewässer rings um die Ufer der grünen Inseln, namenlosen Felsen, unbewohnten Keys sind durchsichtig, klar. Die Farbe wechselt vom satten Blau des Golfstroms in ein lichtes Türkis. Das Klima ist fast makellos. Die Touristen kommen, um Meer und Inselatmosphäre zu erleben, um zu segeln, zu schwimmen und zwischen korallenüberkrusteten Wracks zu tauchen. Für mich ist das Wichtigste, vom Kopfkissen den Blick über den weißen Strand auf das unendliche Meer zu haben. Das ist der Vorgarten vom Paradies. Und genau darum habe ich diesen sündhaft teuren Bungalow im Ocean Club reserviert.

Das Hotel ist die Nummer 1, nicht nur auf Paradise Island, dem Anhängsel von Nassau (durch eine Brücke verbunden) seit dreißig Jahren. Nach etlichen Besitzer- und Managementwechseln gehört das feine Resort zum Imperium des südafrikanischen Bauunternehmers, der einst die Phantasiestadt Sun City in Südafrika baute und damit Spaß an der Hotellerie fand.

Es gibt nicht wenige, die behaupten, Ferienhotels im Fünf-Sterne-Bereich würden einander so gleichen wie die Urlaubsinseln in den Weltmeeren. Beides ist falsch.

Der Ocean Club ist anders als alle anderen. Seine Sterne verdient das eleganteste und exklusivste Clubhotel des Archipels mit einer atemberaubend schönen und wertvollen Anlage. Die Zimmer liegen um einen tropischen Wassergarten und etliche entlang dem weißen Strand. Die Parkanlage, Versailles' Gärten nachempfunden, wurde mit einem aus Montréjeau (Frankreich) importierten Anglikanerkloster aus dem 14. Jahrhundert kombiniert, das man Stein für Stein über den Atlantik brachte und wieder aufbaute. Vor allem aber verdankt das Resort seine Renaissance dem persönlichen Einsatz des südafrikanischen Besitzers.

Seine Gruppe One&Only brachte den Club durch eine zweistellige Millionen-Dollar-Investition auf Hochglanz. Seither leuchten die weißen Fassaden im Kolonialstil wie früher zwischen den Palmen der Manor Lawn, der Herrenhauswiese.

Kerzners Resort- und Casino-Unternehmen gab sich freilich mit einer Renovierung nicht zufrieden. Eine großangelegte Erweiterung macht den Ocean Club noch interessanter. So betreut Jean Georges Vongerichten, einer der Superstars der Küche weltweit, das Gourmetrestaurant Dune.

Wer aber kam nur auf die blödsinnige Idee, die Courtyard Terrace, eines der romantischsten und schönsten Restaurants unter freiem Himmel weltweit, zu schließen? Erst wenn ich hier, von weißen Schirmen behütet, neben tanzenden Fontänen saß, war ich im Ocean Club angekommen. Jetzt glaubt man, mit einem einzigen Restaurant auszukommen. Verrückt, der Meister selber gibt mir da Recht. Einige Gäste, die nah am Restaurant wohnen, hätten sich beschwert. Kerzner legt den Kopf auf die Seite. Man glaubt ihm, dass es ihm Leid tut.

Sol Kerzner zu treffen, ist eine ganz besondere Begegnung. Der Mann ist klein, untersetzt, eher unscheinbar, freundlich und mit einem Bassbariton gesegnet. Trotz seiner Zurückhaltung liegt der internationale Jetset dem Exboxer, Wirtschaftsprüfer und Mann vom Bau, der seine ersten Millionen mit Glücksspiel machte, zu Füßen. Seine Hotels sind die Theater für die Selbstdarstellung, spiegeln Glamour und Unwirkliches. Er gilt neben Adrian Zecha (Aman-Resorts) als das kreative Genie im Bereich der Feriendomizile. Er sorgte selber dafür, dass die Einrichtung urlaubsfreundlich wurde, in frischen Farben und mit dezenten Blumenmustern aufgehellt. In den Suiten und den Villen gibt es täglich die Ausbeute eines Marktbesuches an Blumenschmuck und frischem Obst. Vom Balkon der Zimmer mit Ocean View kann man fast auf den Strand springen.

Der Service ist klar verbessert, Schulung fruchtet, der Gast wird bedient mit einem freundlichen Lächeln, das erste Mal, das ich das bei einem Besuch erlebte. Gewiss, den Baldrige Quality Award kann die neue Truppe immer noch nicht verdienen, dafür müsste dann auch noch das Brot warm auf den Tisch kommen und die Milch zum Kaffee heiß. Der Minibar-Nachfüller hat wohl die Schulung geschwänzt, weil er wie der Poltergeist in die teuren Zimmer und Suiten fällt. Aber immerhin, vor ein paar Jahren glaubte ich, dass es hier nie gelingen würde, einen Servicegedanken zu platzieren. Jetzt sitze ich hier auf der Sonnenterrasse des Restaurants Dune und werde ordentlich bedient. Die Rockefeller-Familie hat sich in das weiße, an den Seiten offene Kolonialstilhaus zurückgezogen, weil es hier kühler und deutlich angenehmer ist. Natürlich bestellten sie zum Lunch Champagner, aber – wie enttäuschend – einen einfachen Veuve Clicquot, keine Edelcuvée, wie man es bei der einst reichsten Sippe der Welt erwartet.

# Der Brillant auf Gran Canaria

## EINES DER BESTEN FERIENHOTELS WELTWEIT BLÜHT IM VERBORGENEN

Die Terrasse leuchtet blankgeputzt in der Morgensonne. Im Frühstücksbereich werden die weißen Sonnenschirme aufgespannt, die Tische mit edlen Linnen und feinem Silber eingedeckt. Das Seaside Hotel Residencia auf Gran Canaria rüstet sich zum Tagesmarathon von Bett bis Bar für seine anspruchsvollen Gäste.

Als einstiger Quereinsteiger in die Hotellerie kennt der Besitzer des Fünf-Sterne-Plus-Domizils auf der Insel des ewigen Frühlings, Theo Gerlach, den Erfinder des Grandhotels, Cäsar Ritz, nur vom Hörensagen, doch dessen einzigartige Serviceausrichtung („Der Gast sei dem Gastgeber heilig.“) setzt er aus Überzeugung voll um. Wie Ritz führt Gerlach den oft ärgerlichen Kampf um Perfektion im Alltagsbetrieb. Dabei könnte der einst erfolgreiche Wohnungsbauunternehmer seit zwölf Jahren den Ruhestand genießen und sich den lieben langen Tag selber im Luxushotel verwöhnen lassen. Seitdem er aber mit Sorgfalt seine Hotelgruppe zusammengestellt hat, feilt er mit gleichbleibendem Elan an den Details. Vor allem im Grand Hotel Residencia, das er wie seinen Augapfel hütet, kümmert er sich um alles, kontrolliert das Frühstücksbüfett mit schnellem Blick, probiert mittags die Fischqualität am Poolgrill, marschiert am Abend schnurstracks in die Küche, wenn die Brigade die Gäste zu lange warten lässt. So erreicht er Ritz-Standard auf Gran Canaria, wo man eigentlich einen simplen Sonnengrill mit Billigangeboten erwartet. Intuitiv macht Gerlach, was Four Seasons oder Ritz-Carlton in ihren Qualitätsprogrammen festgeschrieben haben: Er führt selber ausführliche Einstellungsinterviews mit Bewerbern für leitende Positionen. Die richtigen Mitarbeiter sind die halbe Miete. Der Chef und leidenschaftliche Golfspieler hat dabei erkannt: „Wer von den Kandidaten ein einstelliges Handicap hat, wird nicht genommen, der muss erfahrungsgemäß erst einmal sein Spiel pflegen."

Das im April 2000 eröffnete Hotel mit 94 Zimmern und Suiten ist heute eine der absolut besten Adressen in den südlichen Ferienländern Europas und gehört gewiss zu den drei, vier besten spanischen Adressen. Das Leading Small Mitglied (die kleinen individuellen Häuser der Leading Gruppe) erreichte mit einem vorzüglichen F&B-Angebot (Essen und Trinken) Wellness und Wohlfühlatmosphäre auch in Zeiten wirtschaftlicher Unsicherheit eine Belegung, von der die Mitbewerber nur träumen. Obwohl im Hochsommer Gran Canaria kein Magnet ist, liegt der Jahreswert bei 70 Prozent.

Was ist nun anders an diesem Ferienhotel, das wie ein Garten Eden angelegt ist, ganze fünf Gehminuten entfernt vom langjährigen Flaggschiff der Seaside Gruppe, dem Palm Beach? Im Gegensatz zu diesem ebenfalls im Fünf-Sterne-Segment operierenden lebhaften Urlaubsdomizil ist die Ruhe, die greifbare Stille im Residencia für Stressgeplagte ein großer Luxus. Um diesen Vorzug zu pflegen, ist Gerlach einer der wenigen, die konsequent auf Kinder als Gäste verzichten. In den Prospekten steht: „Das Palm Beach ist für die Kleinen ideal, das Grand Hotel Residencia nicht empfehlenswert."

Die Residencia-Zimmer und -Suiten sind in den Farben Grand Canarias (viel sanftes Gelb und blaues Pastell) eingerichtet, die Möbel aus Teak, die Kopfteile der Betten wie Sessellehnen gedrechselt. Dazu blaue Teppiche aus Marokko und portugiesisches Fliesenmosaik im Bad. Frisches Obst und die Morgenzeitung gibt es nicht nur für die Gäste mit dem VIP-Vermerk. Der kanarische Akzent ist auch kulinarisch spürbar. Mittags wird fangfrischer Fisch serviert und auch am Abend sind Meeresfrüchte wichtiger

Bestandteil des Menüs. In dieser Oase zum Träumen mit tausendjährigem Palmenhain nahe dem Strand und den Sanddünen fühlt sich auch Theo Gerlach besonders wohl. Nach Besuchen seiner anderen Hotels in Lanzarote beispielsweise oder in Hamburg freut er sich wieder auf seine Wohnung im Residencia. Wenn Zufall der gebräuchlichste Deckname des Schicksals ist, hat es Gerlach gut getroffen, als er 1974 von Investitionsmöglichkeiten auf der Insel hörte. Daraus ist ein glücklicher Lebensinhalt geworden.

# Manchmal muss es ein Hotel sein

## WIE SICH ERFOLGREICHE GESCHÄFTSLEUTE MIT FEINEN DOMIZILEN SCHMÜCKEN

Die Provence, eine Landschaft, die mit Farben und Düften nur so protzt, ist der prächtige Rahmen für ein ungewöhnliches Hotel, das in jeder Beziehung unvergleichlich ist. Dietmar Hopp, einer der Gründerväter des Börsenlieblings SAP, verwirklichte dort, wo der rustikale Charme der Provence auf die französische Riviera trifft, einen Traum, kaufte die Domaine Terre Blanche unterhalb von Fayence. Damit verbunden realisierte er die Wunschvorstellung von einem Hotel, in die er seine ganze Erfahrung von fremden Betten einpackte. Geführt wird das Feriendomizil der Extraklasse von der kanadischen Top-Gruppe Four Seasons, die mit der Philosophie höchste Qualität und liebenswerten Service einbindet.

Es ist nicht das erste und einzige Hotel des erfolgreichen Geschäftsmannes. Denken Sie nur an die Bühlerhöhe im Schwarzwald, das einst ein anderer Hotelenthusiast, Max Grundig, mit gewaltigem Aufwand (geschätzten 150 Millionen Mark) in die Spitze brachte. Nach dessen Tod wurde das Hotel hin und her geschoben und mit wechselnden Managements betrieben. Jetzt will sich Hopp stärker selber kümmern.

Mit seiner Liebe zu Hotels ist er nun wirklich kein Einzelfall. Ganz gleich, ob sein SAP-Partner Hasso Plattner, Tengelmann-Initiator Karl-Erivan Haub und zahlreiche andere, es ist *in,* ein eigenes Hotel zu haben.

„Zufall ist der gebräuchlichste Deckname des Schicksals", sagte Fontane. Für die Macher von Design-Hotels scheint die Aussage besonders treffend. Nehmen Sie Ian Schrager, der hatte mit allerlei Investitionen zu tun, nie aber etwas mit Hotels. Die Idee mit seinen unkonventionellen Domizilen wurde an einem dunklen Ort geboren. 1980 saß er für ein Jahr im Gefängnis, weil er Steuern in Millionenhöhe hinterzogen hatte. Aus reinem Zeitvertreib entdeckte der Design-Unkundige seine Faszination für Hotelarchitektur.

Ferdinand Piëch wollte Hoteldirektor werden, bevor er einer der bedeutendsten Techniker der Geschichte wurde. Rein zufällig wurde er als VW-Konzernchef damit konfrontiert, ein besonderes Hotel für die Autostadt zu entwerfen. Seine Konzeption avancierte zur europäischen

Spitze, das Ritz-Carlton in Wolfsburg. Der Hamburger Theo Gerlach, damals erfolgreicher Wohnungsbauunternehmer, wurde in einem Reitstall auf die Investitionsmöglichkeit Gran Canaria angesprochen. Er winkte erst ab und flog dann trotzdem hin, nur mal so, weil gucken ja nichts kostet. Das „Mal eben so" hatte Folgen, 1974 eröffnete er das erste Hotel auf der Insel das „Don Gregory" (Gregor heißt sein Sohn). Ein Jahr später folgte das „Palm Beach". Jetzt hat er vier auf dem Eiland der Sonne und insgesamt sieben Hotels, zusammengefasst in der etwas anderen Hotelgruppe Seaside (lesen Sie dazu auch „Der Brillant auf Gran Canaria").

Reinfried Pohl, Gründer und Chef der Deutschen Vermögensberatung in Marburg, initiierte das Leading-Hotel Vila Vita Parc an der Algarve, das sich wie ein portugiesisches Dorf in die Landschaft schmiegt. Eine besonders schöne Investition unter etlichen Pohl-Domizilen. Der Hotelliebhaber findet Unterstützung und Zuspruch zu Hause. Ehefrau Anneliese arbeitet unermüdlich am Interieur Design, gestaltet und prägt die Optik.

Ernst Freiberger, der einst die weltweit größte Pizzaproduktion aufgebaut und später wieder verkauft hat, ist heute mit Kliniken (Medical Parcs) und Immobilien erfolgreich. In Berlin ließ er unter anderem die historische Perle Tegeler Mühle zu einem Hotel ausbauen und war mit

Herz und Verstand dabei, als sein Hotel Im Spreebogen am Fluss in den Himmel wuchs. Hotels sind Freibergers Leidenschaft, nach seinen zahlreichen Reisen könnte er eigene Ranglisten erstellen. (Lesen Sie auch: Krank hin, gesund zurück)

„Tempo, Jungs, ich will die Eröffnung meines Hotel noch erleben", pflegte der Multimilliardär Otto Beisheim seine Mitarbeiter anzutreiben, die das Luxushotel mit edelster Ausstattung am Berliner Potsdamer Platz errichteten. Ritz-Carlton war auserkoren, sein Wunschhotel als Teil seines Lebenswerks zu führen. Beisheims Ungeduld war angesichts seines Alters verständlich. Er feierte im Jahr der Eröffnung seinen achtzigsten Geburtstag. Nach anfänglichen Turbulenzen wurde das Ritz-Carlton für den erfolgreichen Kaufmann zur ständigen Quelle täglicher Freude. Als Rainer Bürkle, einer der besten Manager der Luxuskette mit Sitz in Virginia, das Haus übernahm, wurde es zum herausragenden Domizil des deutschen Übernachtungsgewerbes. „We are Ladies and Gentlemen serving Ladies and Gentlemen" – hier im Herzen Berlins wird das Credo der heute wieder besten Hotelgruppe der Welt mit Begeisterung umgesetzt.

# Ein Deutscher kehrt heim

## BEGEGNUNG IM HYATT MIT „MR. HYATT“

Vier der fünf bedeutendsten Hoteliers an der Spitze internationaler Gruppen waren und sind seit Cäsar Ritz Deutsche: Horst Schulze, Georg Rafael, Wolf Hengst und Bernd Chorengel.

Wie seine Kollegen ist Chorengel keiner, der in die Öffentlichkeit drängt, eine Begegnung mit ihm garantiert allerdings stets ein außergewöhnliches Gespräch über Luxushotels und ihre Gäste. 2004 bekam der in Holstein geborene Hotelmanager von der American Academy of Hospitality Siecences im Berliner Adlon den so genannten Lifetime Achievement Award, was dem Titel „Welt-Hotelier des Jahres“ entspricht, und keiner ist da in der Branche, der ihm diese Auszeichnung missgönnt.

Der Mann hat ein unfehlbares Gespür für die Wünsche der Gäste, die mehr von einem

Hotel wollen als nur ein Nachtlager. Exakt die Hälfte des Jahres schläft der Präsident der Hotelgruppe Hyatt International, Bernd Chorengel, selbst in fremden Betten. 175 Tage lebt, arbeitet, plant er in Hotels seiner Gruppe. Wenn er nach Hamburg reist, ist das ein Nach-Hause-Kommen. Auch wenn er seit mehr als 20 Jahren verantwortlich für 56 Hotels, 18 Ferienanlagen mit mehr als 25 000 Zimmern in 34 Ländern ist und sein Headquarters in Chicago hat, bleibt für den Norddeutschen Hamburg stets ein Lebensmittelpunkt. Ganz in der Nähe der Hansestadt hat er einen Bauernhof mit Reetdach, Reitplatz und Kräutergärtchen erworben und eingerichtet. Es war der Wunsch der Familie, aber auch Chorengel tankt hier auf. In Hamburg selber entspricht das Hotel der Kette am Ort exakt seinen Vorstellungen von einem modernen Domizil: Das komfortable Park Hyatt im Levantehaus, mit minimalistischem Design, aber alles andere als kühl. Viel edles Holz sorgt für Gemütlichkeit und perfekte technische Möglichkeiten erleichtern das Arbeiten in den 252 Zimmern und 30 Appartements des Hotels.

Wir treffen uns im Restaurant, das dem Alten Land, Europas größtem Obstanbaugebiet vor Hamburgs Haustür, Rechnung trägt – „Apples“ mit großer Lifeküche, Holzöfen und Lavasteingrill. Mit dabei der Hyatt Deutschland-Chef Fred Hürst, erfolgreicher Direktor des Berliner Grand Hyatt, das auf dem äußerst schwierigen Markt der Hauptstadt Erfolgszahlen schreibt.

In diesem häufig ausgebuchten Hamburger Restaurant „Apples“ spiegelt sich exakt die Konzeption wider, die Chorengel entworfen und vorgegeben hat: nur frische Ware wird verarbeitet, leichte Gerichte, gepflegte Atmosphäre, aber um Himmels willen kein „Gourmettempel“. In Tempeln werden Götter angebetet, hier steht Service im Mittelpunkt. Der Küchenchef Sven Ullrich kommt an den Tisch, empfiehlt, was er am frühen Morgen an besonders guten Grundprodukten einkaufen konnte.

Natürlich liegen die besten der viertausend Hotelgruppen weltweit im ständigen Wettbewerb. Aber ob es nun Simon Cooper, Präsident von Ritz-Carlton, oder Wolf Hengst von Four Seasons ist, ob Ettedgui von Mandarin Oriental oder die Chefs von Peninsula, alle attestieren Hyatt International die Führungsposition im F&B-Bereich. Damit ist Essen und Trinken vom Frühstücksbüfett bis zum letzten Drink an der Bar gemeint. Diese Spitzenposition hält Chorengel, seit einem Jahrzehnt. Laufend ist er dabei, den ständigen Wandel der Gästewünsche und veränderten Gewohnheiten zu berücksichtigen. Die Vision von der Zukunft hat auch jetzt wieder konkrete Formen angenommen. Ohne den Begriff „Erlebnisgastronomie“ zu strapazieren, soll es kommunikativer zugehen in seinen Restaurants. Ähnlich wie in China oder orientalischen Ländern werden beispielsweise die unterschiedlichsten Vorspeisen kreisförmig auf den Tisch gestellt und jeder Gast nimmt, wozu er Lust hat: Austern, frittierte Calamari, Sashimi von Lachs und Thunfisch oder gebackenen Käse, dazu knackige Salate, frisches Brot aus der eigenen Bäckerei. All das macht Gäste glücklich. Ebenso gilt dieses System für die Hauptgerichte und, für den, der mag, auch in der Naschwelt der Desserts. Die Musik dazu soll sanft oder temperamentvoll den Restaurantgenuss untermalen, ihn begleiten.

„Family Style" nennt Chorengel dieses Konzept und fordert die Mitarbeiter auf, nicht einfach eine Mahlzeit, sondern ein „Essen-Erlebnis" zu verkaufen. In Schulungen werden diese Gedanken vertieft. Eine andere Idee des Präsidenten wird bereits in Singapur und Peking mit Erfolg praktiziert: Die Gäste sitzen in einem großen Raum, in dem rundum etliche Spezialitätenküchen positioniert sind, also in einem Sammelbereich von Themenrestaurants. Da ist die Sushi-Bar, da werden die Appetithappen Dim-Sum gefertigt, da gibt es die Spezialisten für die original Pekingente, eine naturbelassene italienische Küche und ein klassischer Grill für Fisch und Fleisch. Der Gast lässt sich aus den „Stationen" bedienen, stellt sich seine kulinarische

Reise zusammen. Ein Thema ist auch die Wiederkehr des großen Bratens, der mit einem Servicewagen herangefahren wird. Kellner schneiden von der Hohen Rippe oder dem Kalbstafelspitz saftige Scheiben.

Über den Bereich Essen und Trinken (F&B) positionieren sich heute die guten Hotels, die alle zumeist einen interessanten Standort, Wellness und Arbeitsmöglichkeiten haben.

Schon kurz nach dem Start zum weltumrundenden Hotelmarathon hatte Bernd Chorengel nicht nur die Genussstrecke sortiert, sondern auch sein Ferienresortkonzept perfektioniert, weil er glaubt, dass weder die einfachen Kongress- und Tagungshotels noch die Ferienhäuser ohne Flair und Komfort in Zukunft große Chancen haben werden. Nach seinen Vorstellungen sollen in die Projekte, die seine Gesellschaft weltweit verwirklicht, alle Elemente einfließen, die für den Geschäftsmann angenehm und für den finanzkräftigen Feriengast selbstverständlich sind. Er zählt die Einzelposten der aufwändigen Mixtur auf: „Als Erstes haben wir mit dem Gedanken aufgeräumt, dass der Gast sich an schönen Plätzen wenig im Zimmer aufhält." Der gediegen ausgestattete große Raum und vor allem das großzügige Badezimmer sind Punkt eins. Dann soll die Resortlage in zwei Einheiten aufgeteilt werden: die ruhige Zone mit einem Park und Liegewiesen, nahe dem Wohn- und

Arbeitsbereich mit Konferenzräumen; die aktive Zone mit allen Sportmöglichkeiten und Wellness. Vom Atmosphärischen, so glaubt Chorengel, sei der Idealzustand erreicht, wenn der große Service alter Grandhotels mit der saloppen Freundlichkeit feiner Sportclubs kombiniert werden könne. Steif und gequält vornehm mag er gar nicht.

# Bade-Spaß im Spreewald

## ABER GÄSTEPFLEGE EIGENWILLIG INTERPRETIERT

Erinnern Sie sich an den Fernsehfiesling J. R. Ewing? Sicher haben Sie den amerikanischen Komödienstadl auf der South Folk Range in der Serie Dallas verfolgt. Die schneeweißen Gatter im freien Feld vor dem Ferienresort „Zur Bleiche" in der einzigartigen Natur- und Flusslandschaft Spreewald zaubern die Bilder ins Gedächtnis. Ranch-Feeling im Osten. Hinter den Zäunen drängt die Anlage mit roten und weißen Gebäuden im amerikanischen Stil mit Kräutergärten, Orangerie und Poollandschaft ins Bild. Die Bleiche: Eine Unternehmerfamilie hat mit Herzblut ein Ganzjahreshotel geschaffen, mit Wellnesskonzept und exzellenter Küche. Wobei nach Sternen und Auszeichnungen nie getrachtet wurde. Das elf Hektar große Gelände mit 90 Zimmern und Suiten (teilweise mit eigener Sauna) liegt eine gute Stunde von Berlin entfernt und bietet sich zum Entspannen und Auftanken an. Eine Erlebniswelt freilich nicht ohne kritische Begleitmusik. Hotelleben bewerten kann durchaus in ein und demselben Domizil zugleich begeisternd und enttäuschend sein. Doch nirgendwo erlebte ich dieses Heiß-kalt, „O-ha“ und „Nanu“ derart intensiv wie in der Bleiche.

Natürlich freut man sich über die herzliche Begrüßung mit einem Fläschchen weißen Burgunder, appetitlich im Eiskübel präsentiert, anstelle von Blumen, im Zimmer. Doch als ich ein paar Stunden später nach dem Dinner aufs Zimmer kam, um ein Gläschen zu genießen, war der Wein mit Kübel und Gläsern wieder abgeräumt. Nichts war mit einem Gläschen auf der Terrasse zum Tag-ausklingen-lassen. April, April! Das Serviceteam war also in meiner Suite 706 im Logierhaus, aber der Abendservice *(Turndown-Service)* wurde nicht gemacht, weder das Bett aufgedeckt, noch die Vorhänge zugezogen etc. Dabei kommen im attraktivsten Ferienresort der neuen Bundesländer 150 Mitarbeiter auf gerade einmal 90 Zimmer und Suiten, ein toller Wert, auch was, das ist Spitze. Die meisten Mitarbeiter sind freundlich und bemüht. Nur, würden sie im gleichen Maße richtig geschult wie an den Details der Ausstattung gefeilt wird, würde diese Servicepower auch wirksam. Wie dankbar engagierte Servicekräfte höflich und herzlich vorgetragene Hinweise umsetzen, belegt eine Szene im Gourmetrestaurant der Bleiche „17fuffzig“: Etwa zur gleichen Zeit wie zur Burgunder-Abräumaktion bestellten wir zwei Glas Champagner und der Sommelier schleppte sie bereits eingeschenkt zum Tisch. Zum Abschluss beim Dessert hatte er den freundlichen Hinweis, doch die Flasche zum Gast zu bringen und vor ihm in gekühlte Gläser einzuschenken, sofort umgesetzt. So ist es ein sinnliches Erlebnis. Alles stimmte. Oder nehmen Sie das Frühstücksbüfett: Obwohl ein Koch abgestellt ist, wird, was abgefuttert ist, nicht nachgelegt. Das Obstangebot, von Haus aus kläglich, sieht aus wie eine Tischhalde. Der Lachs ist bis auf ein paar Schnipsel verspeist, vom Schinken liegen nur noch Reste auf dem Teller. Den Koch scheint das nicht zu interessieren. Ich schleppe mein Gepäck durch die Halle. Das stört einen jungen Mitarbeiter. „Sie hätten doch was sagen können“, meint er, lässt mich aber weiter schleppen … Durch angeregte Gespräche ist der Kaffee kalt geworden. „Würden Sie mir bitte einen heißen bringen und dazu eine neue Tasse?“ Antwort: „Sie haben doch eine.“ Die Kehrseite der Medaille ist das unbestrittene Engagement des Besitzerpaares, das ein Hotel in Bayern aufgegeben hat, um hier in der einzigartigen Natur- und Flusslandschaft im vielleicht schönsten Naturschutzgebiet Europas ein Wellnesshotel im Landhausstil auf- und auszubauen. Vieles gelang dabei großartig: das duftende Holzambiente ebenso wie Raumstrukturen, Gestaltung durch Licht. Vorhandenes wurde verbessert, Neues geschaffen. Die Hotelhalle beispielsweise mit großzügigem Sitzbereich und einem Hirschbrunnen aus dem 16. Jahrhundert. In die Spa-Suiten wurden Saunen, Dampfbäder und Hamam gebaut. Darüber hinaus ist Oliver Heilmeyer der beste Koch in Brandenburg. Nicht nur das À-la-carte-Restaurant, auch die Lokale für die Pensionsgäste sorgen für Genuss. Komplett neu sind das Spa und die Landtherme. Die alte brannte aus. Dieses Pech hatten die Besitzer schon einmal mit einem Hotel in Bayern. Erholungsuchende haben in der Bleiche jetzt die Auswahl, in mehreren scheunengroßen Bädern zu schwimmen, sich im Banja (russische Sauna), im japanischen Luftsprudelbad, in der Kräuterkammer oder der Dampfsauna mit Saline zu entspannen. Wer gut isst, sollte sich bewegen. Der Fitnessraum mit modernsten Geräten ist riesig konzipiert. Wer das möchte sitzt bei gutem Wetter im Freien (Schiebewand). Die Terrakottafliesen und Holzdielen sind – wenn nötig – beheizt. Dann lodert im Schwimmbad der offene Kamin. Das Wohlfühlprinzip wurde von Christine und Heinrich M. Clausing einfühlsam umgesetzt, auch wenn sie betonen, nicht auf der Jagd nach Sternen und anderen Auszeichnungen zu sein, sollten die engagierten Mitarbeiter geschult werden.

# Zum Teufel mit den Designhotels

## WENN DER GAST NICHT GEPFLEGT WIRD

Ich mag diesen Schwachsinn nicht mehr hören. Weil sie nicht in der Lage sind, exzellenten Service erstens durch die Auswahl der Mitarbeiter und zweitens qualifizierte Schulung zu bieten, machen sie sich darüber lustig, erklären Dienen und Bedienen, Service als Verwöhnprogramm, für längst überholt. Es sind die Strategen der ultramodernen Designer-Hotels Ian Schrager und André Balazs, die mit unfehlbarem Gespür für profitablen Schick in ihren Hotels keinen Bezug zu dieser klassischen Säule finden, zur Gästepflege, die eigentlich die Seele eines Hotels ist.

Die Ansprüche der Reisenden hätten sich in den letzten Jahren verändert, argumentiert Balazs. Dienstleistung würde in Amerika keine Wertschätzung mehr finden. Das ist so abenteuerlich falsch wie Donald Trump in einer Jugendherberge zu vermuten. Am Beispiel des St. Regis Hotel in New York führt der Herbergsvater des flotten Designs ohne Serviceambitionen aus, was er meint: „Da war der Doorman am Eingang, ein Page am Aufzug und in der Lobby warteten immer zwei Gepäckträger, für den Fall der Fälle. Genauso hat es wohl vor hundert Jahren im ‚Ritz' ausgesehen. Aber damals reiste man mit vierzig Koffern und Hutschachteln an. Zudem kannten viele Gäste nichts anderes, denn sie wurden auch privat ständig von Personal umsorgt." Heute sei das aber völlig anders. Derartige Servicesituationen seien dem Gast nur noch peinlich. Der würde seine Reisetasche lieber selber tragen. Grandhotelservice aufrechtzuerhalten erscheint

Balazs so falsch wie „Stuckfries an einer Sichtbetonwand“. Und dann räumt er dem Personal gleich eine Entschuldigung ein, es hätte ja keine Bezugsperson mehr, warum also schulen?

Einspruch, erhabener, selbsternannter Meister der Übernachtungsbranche. Der Gast steht im Mittelpunkt und damit im Weg, das scheint für unsere Designhotel-Philosophen als Branchenwitz erfunden. Denn auch Ian Schrager denkt in erster Linie mal in Design und Ausstattung, das Servicepersonal muss vor allem modelhaft schön sein. Hilfestellung dürfen die Kunden da nicht auch noch erwarten. Eigentlich stören die Gäste nur im ausgedachten Gesamtbild. Na dann bleiben Sie doch am besten alleine im Raleigh oder QT (Balazs), im Delano oder Hudson (Schrager). Dann ist dieses Problem doch gelöst.

In einem Punkt hat André Balazs Recht: Wenn er die Erkenntnis kund tut, dass der Lifestyle sich in Nuancen alle achtzehn Monate ändern würde. Dem müsse man Rechnung tragen, indem man ständig etwas Neues biete. Doch das ist ausschließlich auf die Optik bezogen. Zum Glück denken die Initiatoren modern ausgerichteter Designhotels in Deutschland anders. In avantgardistischem Interieur Design bieten der Wasserturm in Köln oder das Side in Hamburg, um zwei zu nennen, ordentlichen Service. Ganz originell wurde das Hamburger Gastwerk gestaltet. Im ehemaligen Kohlelager eines Gaswerkes aus dem Jahre 1857 entstand das ungewöhnliche Domizil. Mit dem Umbau bewies der Architekt Klaus Peter Lange, dass die Symbiose von alter Bausubstanz und moderner Architektur faszinierend sein kann. Und in diesem Rahmen von rohen Industriefenstern, Backsteinmauern und Naturmaterialien wird Dienstleistung aufgezogen, die ungleich mehr Wertschätzung findet als in amerikanischen QT, einem „W"-oder Schrager-Hotel.

# Keine Kult-Kulisse ist schöner

## HOTELS ALS DREHORTE VON KINOKLASSIKERN

Wer alte Grandhotels mag, trauert um das Plaza am New Yorker Central Park. Die Lieblingsadresse für unzählige Gäste wird umgebaut in extrem teure Wohnungen mit angegliedertem kleinem Hotel. Mit den Gästen blasen die Kinofreunde Trübsal. Dreißig Filme, zuletzt „Kevin" oder im Original „Home alone 2", der im Fernsehen x-fach wiederholte Streifen mit dem US-Frechdachs, spielen im The Plaza. Die gewaltige „Hotelburg" bietet mit den eichenholzgetäfelten Restaurants und der Halle eine eindrucksvolle Kulisse, die täglich hundertfach von Gästen auf Fotos festgehalten wird.

Hotels als Kulisse großer Filme, das passte zu allen Zeiten gut zusammen. Herausragend ist dabei die Fairmont-Gruppe, die sich lange in der Mittelklasse tummelte, in den letzten Jahren aber in die Spitze vordrang.

Dramatisch thronen sie in den Rocky Mountains, majestätisch erheben sie sich als Wahrzeichen ihrer Stadt, glamourös ist die Atmosphäre der Hotels, die Könige, Stars und Präsidenten zu ihren Stammgästen zählen: Kein Wunder also, dass die Fairmont Hotels & Resorts immer wieder als Filmkulisse dienen. Von den ersten Kinotagen an wirkten die traditionsreichen Grandhotels an den aufregendsten Plätzen der Welt als Magnet für Regisseure aus aller Welt. Seit 1920 wurden hier über 100 Filme – darunter zahlreiche Oscar-Gewinner und Golden-Globe-Preisträger – als Kulisse ausgewählt. Roland Joffé's Oscar prämierter Film „Schreiendes Land", John Grishams „Die Firma" oder „Zum Schweigen verurteilt" von Alfred Hitchcock – Fairmont ist Teil der Filmgeschichte.

Schon in den 40er Jahren wurde die Kulisse Jasper Park Lodge Schauplatz des Billy-Wilder-Klassikers „Ich küsse ihre Hand, Madame" mit Bing Crosby. Und auch Marilyn Monroe drehte in der kanadischen Wildnis: Als die 1954 bei einer Szene für „Fluss ohne Wiederkehr" mit dem Fuß umknickte, verursachte sie größeren Tumult unter den Bell Boys des sagenhaften Fairmot Banff Springs – keiner wollte sich das Vergnügen entgehen lassen, die Diva im Rollstuhl durch die langen Gänge des imposanten Rocky-Mountain-Schlosses zu schieben. Auch im Fairmont Miramar hieß es „Film ab!": Hier entstanden einige Szenen des Films „Ein Hauch von Nerz" mit Doris Day und Cary Grant.

In den folgenden Jahrzehnten wurden Hotels immer wieder selbst zum Leinwandstar: Die Lobby des Olympic Hotel in Seattle diente als Lounge für diverse Szenen der „Fabulous Baker Boys" mit Jeff Bridges und Michelle Pfeiffer. Sein Doku-Drama „JFK" filmte Oliver Stone unter anderem im Fairmont Dallas, in „The Rock" forderte Hauptdarsteller Sean Connery eine Suite im Fairmont San Francisco. Kultstatus durch das Traumfinale der Kinoromanze „Notting Hill" mit Julia Roberts und Hugh Grant bekam der Lancaster Ballroom des glamourösen Savoy. Auch der Boxerfilm „Das Comeback" mit den Oscar-Preisträgern Russel Crowe und Renée Zellweger spielte zum Teil in einem Fairmont-Klassiker: im imposanten Fairmont Royal York, das Torontos Skyline seit 1929 prägt. Szenen des erst kürzlich in Cannes ausgezeichneten Films „Where the Truth Lies" von Atom Egoyan spielen ebenfalls im Fairmont Royal York. Dass das seinerzeit höchste Gebäude des British Empire schon oft als Kulisse geadelt wurde, ist keine Überraschung. Filmreif sind hier nicht nur Fassade, Lobby und Zimmer: Mit 110 Köchen bietet das Haus die größte Hotelküche Kanadas – 10 000 Gäste können gleichzeitig bewirtet werden. Dem Filmteam ging es richtig gut.

# Die ultimative Klauliste

## RUSSEN SCHNITTEN SELBST DIE AUSLEGWARE AUS DEM HOTELZIMMER

Unverständnis, Entsetzen, Empörung. Gefühlsregungen in dieser Reihenfolge erlebte der „Minibar-Auffüller" im InterConti. Er verstand die Welt nicht mehr. Alle Cognac-, Gin- und Wiskey-Fläschchen standen augenscheinlich unangetastet in der Kühlbox. Durch Zufall aber hatte er festgestellt, dass sie alle leer waren. Russische Gäste hatten den Glasboden aufgebohrt und alle Getränke einschließlich Rotwein und Sekt konsumiert. Eine schöne Bescherung und zum Glück vor dem Einkehren neuer Gäste erkannt.

Szenenwechsel: Ein Hotel am Genfer See. Die Hausdame läutet nach dem Direktor. Gemeinsam starren sie auf den Fußboden. Im gerade renovierten Zimmer war unter dem Bett bis zum Kleiderschrank ein großes Stück Teppichboden fachgerecht herausgeschnitten und abtransportiert worden. Empörung half nicht weiter. Das Zimmer wurde bis zur erneuten Fußbodenrenovierung gesperrt.

Zwei extreme Beispiele, was alles aus Hotels mitgenommen wird. Fast schon eine Randnotiz, dass alljährlich Millionen Erinnerungsstücke weniger spektakulärer Art aus Hotelzimmern verschwinden, mitgenommen in den Koffern der Gäste. Besonders begehrt sind Bademäntel, Nackenrollen und Regenschirme. Aber selbst Gemälde als Wanddekorationen und die kleinen Tischuhren mit Weckautomatik, wie sie das Ritz-Carlton Wolfsburg verwendet, stehen gnadenlos auf der Klauliste.

Weltweit werden in den Ritz-Carlton-Hotels Zehntausende Handtücher mit dem Löwenkopf als Souvenir mitgenommen. Die General Manager der Tophotels reden nicht gern darüber, weil ihnen die Gäste heilig sind.

Die Hausdamen verzeichnen permanent Verluste, weil immer wieder silberne Löffelchen aber auch Kleiderbügel oder Schuhbeutel von Gästen mit nach Hause genommen werden. In vielen Häusern erinnern kleine Hinweisschildchen etwa in den Taschen der Bademäntel daran, dass diese dem Gast während seines Hotelaufenthaltes zur Verfügung stehen oder aber selbstverständlich auch käuflich erworben werden können. Letzteres ist zweifelsfrei die bessere Variante. Schließlich wissen die Hotels spätestens nach dem Check-out, welche Gäste die Gastfreundschaft „strapazieren".

Im Berliner Ritz-Carlton waren die Schuhbeutel so gefragt, dass sie aus dem Programm genommen wurden. Für den Schuhputzservice stehen vor der Zimmertür nun Tabletts bereit. Praktisch und nicht überall zu finden sind die Ringhalter aus Glas. Sie werden besonders oft gemopst, obwohl sie nicht mit dem berühmten Löwenkopf versehen sind, wie die meisten anderen beliebten „Trophäen". Käuflich zu erwerben sind viele der „Andenken" in den jeweiligen Hotelboutiquen. Im Berliner Haus am Potsdamer Platz etwa kostet ein Bademantel 128 Euro, Ringhalter und Regenschirm jeweils 15 Euro.

Den 1. Platz der Hitparade der beliebtesten (gestohlenen) Souvenirs im Hamburger Privathotel Louis C. Jacob belegen die Ferngläser in den Elbzimmern, mit denen die Gäste die vorbeiziehenden Schiffe beobachten können. Platz 2: Sanduhren, die zum Tee serviert werden (diese sind an der Rezeption käuflich zu erwerben, sechs Euro). Platz 3: Schuhspanner aus edlem Zedernholz mit goldener Plakette, die das Hotellogo zeigt (an der Rezeption: 51 Euro). Platz 4: Kleiderbügel.

Ein zarter Hinweis auf das, was Sie ganz regulär einpacken dürfen, das Briefpapier beispielsweise, die portionierten Toilettenartikel wie Shampoo und Lotion aus dem Bad, Pantoffeln und Streichhölzer. Für alles andere sollten Sie beim Auschecken zahlen.

# Weihnachten im Hotel

## WENN EINSAME GÄSTE MELANCHOLISCH WERDEN

Nennen Sie es ruhig Kitsch, den Alle-Jahre-wieder-Wahnsinn, die sinnentleerten Rituale vor dem Weihnachtsbaum. Für mich ist und bleibt Weihnachten ganz eng verbunden mit Tannenduft und schmalzenden Knabenchören, mit Glockengeläut und rieselndem Schnee. Weihnachten zu Hause, in einem kultivierten Hotel oder einem Club in unseren Breiten. Aber nie wieder Weihnachten unter Palmen, nicht mit Tropensonne oder puderweichen weißen Sandstränden. Ich verzichte an diesen Tagen liebend gern auf Meeresbrise und Gute-Laune-Programm, auf Sunshine-Reggae zum Sonnenuntergang. Das ist unumstößlich.

Auch wenn weihnachtliche Besinnung zur äußersten Anstrengung wird und wir am Heiligabend mit den Nerven ziemlich herunter sind: Zwei Versuche, unserem selbstgezimmerten

Festrahmen zu entfliehen, führten bei mir zu dieser Erkenntnis für das restliche Leben.

Einmal verpasste ich das Fest zwischen den Fidschis und Amerikanisch-Samoa bei 28 Grad im Schatten mit knallgrünen Plastiktannenbäumen, pinkfarbenen Kugeln vor Farnen, Goldstaub aus der Spraydose, gelackten Heiligenbildchen an Palmenwedeln und Südsee-Rhythmen statt Jingle Bells. Der Pazifik liegt weiter als eine Tagesreise entfernt. Der zweite Fehlversuch zählt eigentlich nicht, das war befohlenes Wachestehen vor einer Bundeswehr-Kaserne in der Heiligen Nacht.

In der letzten Woche im Advent gehören Tannenduft, Kerzenschein und Lebkuchen zur Seidenpapierverpackung des Winteralltags. Derartige Wünsche haben immer mehr Hotels erkannt.

Ob ich in einem Hotel reserviere, hängt für mich entscheidend davon ab, wie sich dieses Zuhause fernab von daheim weihnachtlich verwandelt. Weil ich kein Einzelfall bin, sondern vorweihnachtliche Feiern und Christmas Partys im Hotel verstärkt im Trend liegen, haben sich die noblen Domizile in unseren Breiten darauf eingestellt: Tannenbäume in der Lobby, mehrere Stockwerke hoch wie im „Mandarin Oriental" München, Weihnachtsschmuck, Krippen, Festdinner am Heiligabend, Gruppensingen und Bibellesungen oder Schlosskonzert im „Grandhotel Bensberg". Sicher, das ist kluges Marketing. Doch in Zeiten, in denen die Belegungsraten immer noch beklagenswert sind, ist ein erhoffter Höhepunkt mit Bilanzverbesserung zum Ende des Jahres willkommen. Der schöne Rahmen lockt immer mehr Gäste zum weihnachtlichen Kurzurlaub ins Hotel.

Die Feriendomizile der Spitzenklasse wie die „Traube Tonbach", „Hermann Bareiss" in Baiersbronn, „Brenner's Park-Hotel", „Bühlerhöhe" und die „Sonnenalp", aber auch die Stadthotels der ersten Garnitur sind an den Feiertagen frühzeitig ausgebucht und längst nicht nur von jungen Paaren, die eine schwiegermutterfreie Zone suchen. Die Motive, Wünsche, Überlegungen sind so unterschiedlich wie Art und Gestaltung der Feier. Ein schönes Beispiel ist der „Robinson Club Amadé" im Salzburger Land. Die Gäste kommen mit geröteten Wangen nach Glühwein und Punsch vom Weihnachtsmarkt im winterlichen Garten ins Haus, erleben ein Klavierkonzert vor dem Kamin und finden sich mit den Familien zur Bescherung ein (Santa Claus hat die Geschenke vorher mit doppeltem Lieferschein zur unverwechselbaren Zuordnung eingesammelt). Anschließend die Weihnachtsgala bei Kerzenlicht. Am ersten Weihnachtstag stehen Pferdeschlittenfahrten, Eisstockschießen und Weihnachtssingen auf dem Programm. Da pflegt der progressive Club die alten Traditionen.

Süßer die Glocken nie klingen als zur Weihnacht, der Deutschen zweitliebsten Reisezeit. Mehr als zehn Millionen zieht es in diesem Jahr über die Feiertage hinaus in den Schnee und hin zu Palmenhainen, idyllisch oder lebhaft, Hauptsache weg. Eine Rangfolge, ob nun Hotels mit Tannenduft und Kerzenschein oder Sonnengrill im Winter dominieren, ist nicht auszumachen.

Wer Weihnachten feiert, egal ob zu Hause, im Hotel oder in einem kuscheligen Club, keiner sollte auf die Lukas-Erzählungen, auf diese einfache Geschichte von Christi Geburt, verzichten. Das gibt für das religiöse Gefühl zunächst nicht viel her. Romantik hatte der Evangelist nicht im Sinn (die gibt es ohnehin erst seit 250 Jahren). Würde man das Ereignis im elenden Stall wirklich realistisch darstellen, kein Mensch würde mehr eine Krippe kaufen. Doch wie stets verwandelt die Folklore das Trostlose ins Traute. Und das ist die schönste Bescherung.

# Hotels als heimliche Versteckе

## WIE HIMMLISCHE MOMENTE ZUM ÄRGERNIS WERDEN

Man hätte die Englein singen hören, es war eine Szene von übergroßer Freundlichkeit, von Harmonie, Sympathie und Bussi, Bussi. Die Stimmung beim Dinner der beiden befreundeten Paare war friedvoll wie ein Sonnenuntergang am lauen Abend. Auch die beiläufige Bemerkung des Düsseldorfer Investors, der viel unterwegs ist, dass nach seiner Erfahrung die meisten Ehebrüche im Hotel verabredet und zelebriert werden, kommentierte der Zahnarzt neben ihm mit einem warmen Lächeln: „Ja, wer tut denn so was?"

Mit der gleichen Herzlichkeit legt der Freund wie beiläufig und mit besonders breitem Lächeln ein DIN-A-4-Foto auf den Tisch, auf dem der Zahnarzt strahlend ein Hotel verlässt. Kein besonders gutes Haus, über seinem Kopf prangt der Name in großen Lettern „Novotel".

Auch die Zahnarztgattin ist beglückt, wie schön der Mann da getroffen ist. Doch mit leichter Irritation fragt sie dann: „Wann warst du denn im Novotel und was hattest du da zu tun?" Alles ohne Arg, nur so.

Beiläufig und mit Gelassenheit, als kommentiere er das Budget des Düsseldorfer Dackel-Clubs, antwortete der Investor: „Ach, das weißt du nicht, da hat er heute Nachmittag in Zimmer 305 die Cornelia (seine Lebensgefährtin) gevö…" (Sie wissen schon). Dazu noch einmal ein Lächeln in die Runde.

Das war der Sekundenbruchteil vor der Explosion einer 150-Zentner-Bombe. Alle Beteiligten sprangen auf, empört, entgeistert, erwischt. Man stürmte nach draußen.

Das schöne Foto hatten die Freunde des Gehörnten gemacht, weil die das lustige Hotelleben der Partnerin durch Zufall entdeckt und seit einiger Zeit beobachtet hatten. Der Racheplan zweiter Teil: Während des Essens der vier räumten sie planmäßig alle Geschenke, die die untreue Partnerin vom Lebensgefährten erhalten hatte, Uhren, Pelze etc., aus der gemeinsamen Wohnung und fuhren den 500 SL, auch ein Geburtstagspräsent für die Kauffrau, in eine sichere Tiefgarage.

Eine unglaubliche Geschichte, die aber den Vorteil hat, dass sie sich exakt so gerade zugetragen hat. Eine alltägliche Begebenheit, die eines der bestgehüteten Hotelgeheimnisse offenlegt: Seitensprung in fremde Betten. Die Dunkelziffer, so glaubt van Daalen, einer der großen Hoteliers, sei extrem hoch. Dabei spielt es keine Rolle, wie luxuriös und glamourös das Domizil ist.

Wie leicht dabei himmlische Momente zum Ärgernis werden, zeigen zwei Beispiele aus dem Erfahrungsschatz Berliner Hoteliers.

Da hatte ein Gast sich mit einer Frau aus der feinen Gesellschaft verabredet. Die ließ auf sich warten. Um die Zeit zu vertreiben, trank der Mann viel zu viel. In der Schwipsstimmung begrüßte er nackt das Zimmermädchen, das er sanft aufs Lager zog und dem er mit einem stattlichen Betrag die Bedenken ausräumte. Es kam wie es kommen musste, die Dame der Gesellschaft platzte in die Szene. Es gab Geschrei und Aufruhr, der Security-Beamte wurde alarmiert. So bekam der Direktor Kenntnis vom pikanten Ablauf.

Im besten Haus einer norddeutschen Kleinstadt hatte der gehörnte Mann, der über das Hotelleben seiner Frau an drei bis vier Nachmittagen in der Woche informiert worden war, den Hotelier, einen Geschäftsfreund, überredet, mit versteckter Kamera den Seitensprung seiner Ehefrau filmen zu lassen. Kein feiner Zug, muss man sagen. Die Bilder stellte er ins Internet. Die Frau des Automobilmanagers, entblößt und entwürdigt, willigte inzwischen in die Scheidung ein.

# Vita Heinz Horrmann

Heinz Horrmann, 1943 im Zeichen des Wassermanns im Rheinland geboren, arbeitet nach Abitur und Volontariat in Düren seit 35 Jahren als Journalist und Buchautor. 27 Reise-, Hotel- und Genussbücher von ihm wurden bisher veröffentlicht, u. a. der Bestseller Inselparadiese. Seit 25 Jahren ist er bei den überregionalen Zeitungen „DIE WELT" und „WELT am SONNTAG" als Geschäftsführender Redakteur für die Redaktionsbereiche verantwortlich, in denen die schönen Dinge des Lebens abgehandelt werden: Reisen, Hotel & Genuss.

Für seine Reportagen ist er mehrfach ausgezeichnet worden (Reportagepreis der Stadt Detroit, Autorenpreis der Christophorus-Stiftung).

Im April 2001 wurde Horrmann als erster Journalist mit dem begehrten Five Star Diamond Award als „Bester Hotel-Autor der Welt" geehrt. Ein Jahr später kürte die American Academy of Hospitality Sciences sein Buch „Kreuzfahrt-Träume" zum weltbesten Reisebuch 2002.

Für seine „Verdienste um die deutsche Hotellerie und Gastronomie" (so die Begründung) bekam er im selben Jahr das Bundesverdienstkreuz am Bande.

Im November 2005 verlieh ihm die Brillat Savarin-Stiftung und die Gastronomische Akademie Deutschlands den Carl-Friedrich-von-Rumohr-Ring für sein Lebenswerk.

Horrmann ist verheiratet und hat einen Sohn.

# Genießen
# Sie auch unsere exklusiven
# Bildbände

Band II
Südsee, Neuseeland, Kalifornien, Mexiko
240 Seiten, 23,5 x 32 cm,
55,– €

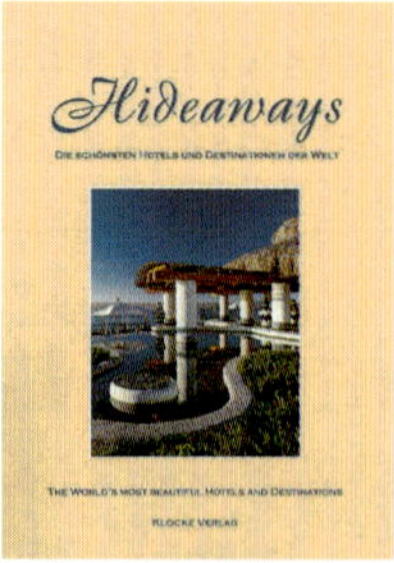


Band III
Karibik, Australien, Mallorca, Südafrika
240 Seiten, 23,5 x 32 cm,
55,– €

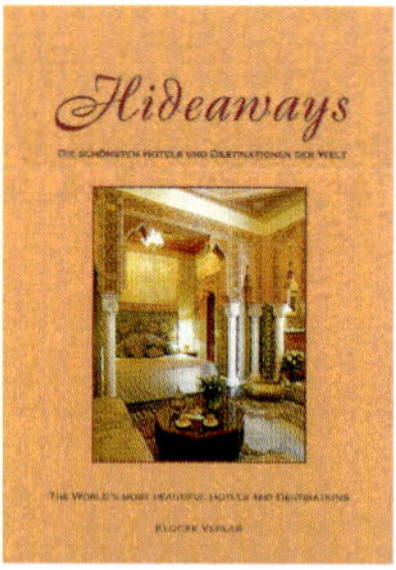


Band IV
Mauritius, Seychellen, Europa, Dubai
240 Seiten, 23,5 x 32 cm,
55,– €

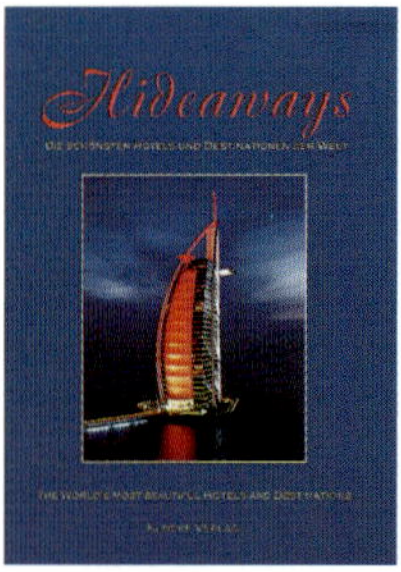


Band V
Südsee, Dubai, Karibik, Schweiz
240 Seiten, 23,5 x 32 cm,
55,– €

Band VI
Mexiko, Karibik, Kreuzfahrten, Malediven, Mauritius, Europa
240 Seiten, 23,5 x 32 cm,
55,– €

Band VIII
Südsee, Seychellen, Malediven, Südafrika, Mauritius, Europa
240 Seiten, 23,5 x 32 cm,
55,– €

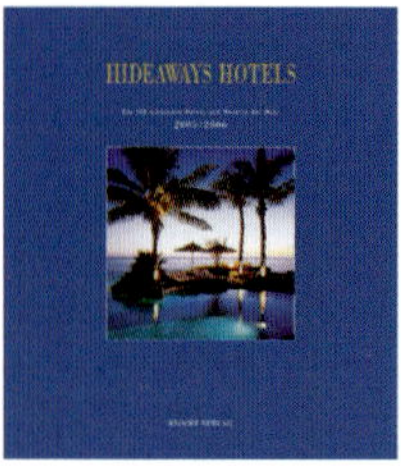


HIDEAWAYS HOTELS –
Die 100 schönsten
Hotels und Resorts der Welt
256 Seiten, 25 x 25 cm
20,– €

INSELPARADIESE –
Die schönsten Inselhotels
der Welt
240 Seiten, 32 x 23,5 cm
55,– €

www.alacarte.de/shop